［新装版］

ワカヒメさまの「超」復活！

SUMIKO！
アマノコトネ
宮﨑貞行

ヒカルランド

イサナキとイサナミが最初に産んだ子供
あわ歌のかみさまでもある
《ワカヒメ》はなぜ消されたのか？
それは《言霊》の秘密を隠したかったから

ホツマツタヱには
宇宙と自然界の巡りに則《のっと》っている
五七調の「あわうた」を歌えば
病気にならないと書かれています

古代文字ヲシテで書かれたホツマツタヱによると
イサナキとイサナミの子供は一姫三太郎で
長女ワカヒメ、長男アマテラス
次男ツキヨミ、三男ソサノヲです
後世ヒルコとして葬られてしまった
長女ワカヒメのありし姿を伝えるヨミガエリの書！

「ワカヒメ様の超復活！」の復活

このたび、元号の令和にふさわしく、万葉集など和歌のもとでもある、〝五七の神〟。元祖〝ことだま使い手〟であられたワカヒメ様を表した本書が装《よそお》いも新たに重版されますことは、真に時が満ちたとしか申しようがありません。元号変わり、益々、私たちのルーツ、縄文やまとから日本にあった宝物を新たに発見しなおしたいという機運が満ちています。

初版が出されてから、おかげさまで、まさにワカヒメ様の願いどおり、世に「あわのうた」は広がり、いまや日本中で歌われ、舞われ、一人一人の日々に定着して効果をあらわしています。

この本が出た翌月、皇居に「あわのうたと古代史を楽しむ会」と称して清掃ご奉仕にあがり、その折に思いがけず、ご会釈会場で美智子様より「あわのうたとはどのような歌なのですか」とご下問いただき、「日本語のもとなる自然界の巡りに合致した48音であり、自分たちの心身を整えるのみならず、社会や国土も整うために毎日歌っております」とお答えしたところ、「まあ！　聴いてみたいわ!!ねえ？」と当時の天皇陛下、今の上皇様を仰がれました。

「ああ、そうだねえ」とにっこり微笑まれたお二人に見つめられて、私は「どうしよう……いいのかしら」と後ろに控えた団の方々を振り返りましたのを、皆さんは、私が『ご一緒に！』と言っていると思われたということで、俄かに、皇居の中に33名＋お隣の伊勢修養団の方々とで、あわのうたの大合唱奏上になったのです。

あの時の厳かな美しい響き、居並んだ方々の真心のみならず、見えないご先祖や古のカミガミが慶ばれ、ご一緒に歌われたとしか思えませんでした。

《シヰタラサヤワー》と響き終わると、美智子様はお顔を赤く上気されて、『まあ、「わ」（和）で終わるのですねえ！』と。さすがに、素晴らしい御歌の詠み手であられ、言葉の美しさ、意味に精通しておいでの方とあらためて敬服いたしました。

あの、ありがたい機会がございましたこともあわのうたがひろまっていくことへの一つの前兆であったと思い起こされます。かつては偽書とも言われ封印させられてきた歴史のある「ほつまつたえ」の要である「あわのうた」が宮中で披露され、新たな真の時代の岩戸開きであったとも振り返って感じます。そう、まさに、ワカヒメさまの御霊《みたま》は活きて働きかけておいでだったのです。

そして、もうひとつ、重版までのあいだにわかってきたエピソードがあります。熊野にて「ほつまつたえ」という声を聴いたことから始まったと思っていた私の「あわのうた」とワカヒメ様との旅は、実は、その前に、千葉県は佐倉の麻賀多神の奥の小さな社で、倒れていた御神体の鏡を起こしたことが端緒であったのではないかということです。

そこから、不思議な偶然が重なり熊野に行かされ、ほつまつたえに導かれるご縁ができました。

その麻賀多神社の御祭神が実は、ワカヒメ様であろうということが、いま、ほつまの研究者で実証されようとしています。千葉と熊野の繋がりなどからしてもまだまだ奥深い発見が続きそうで乞うご期待です。

人生は自分で選んでいるつもりでも、実は決まっていて、現界だけでなく、いろいろな方々が協力して働きかけておいでなのかと感慨もひとしおです。
どうか、この令和の御代に新たに世にお目見えしますこの本が、みなさまを本来の立ち位置に誘い、たくさんの出会いと御働きををもたらしますことを。
（重版に添えて　令和二年）

SUMIKO!

《補足》
前回、鼎談の中で表されていた宮﨑先生の「あわうた」の現代解釈ですが、こちらは時を経るに従い、さらに、先生のご理解が深まられて次のように一部を追解釈されています。

あめのり（アワ歌）の
出だしの言葉はアカハナマ。

この五音は
朝日が昇り
中天に輝き
夕日となって沈み行く父のような強い力（陽のはたらき）を映している

シキタラサヤワの七音は
母のはたらきが
月の光とやさしさを結び調和させる
その隠れたはたらきを現す音
以上がアワ歌の意味である

はじめに

あなたは、ワカヒメという名前を聞いたことがありますか？

真名（イミ名）ヒルコ（日霊子……陽が高い昼に生まれたから）ひめ、ワカヒルメ、下照姫、ニフノカミとも呼ばれ、亡くなられて神上がりされてからは歳徳神（トシノリカミ）と呼ばれて祀られてもいます。

この方は、神武天皇以前の神世の第七代アマカミであるイサナキ、イサナミの長女であり、第八代アマカミになるアマテルカミの姉君です。

現在では、一部の神社に、アマテルカミの妹姫としてオオヒルメ（大日妻女）、または稚可日妻女（ワカヒルメ）という伝わり方で祀られている以外では、ほとんど知られていないうえ、ときには、『古事記』に登場する、流れて生まれなかった泡のようなヒヨルコと混同されてしまったりしてさえいます。まさに、埋もれた存在である女性です。

そして、実は、このワカヒメ様、「姫様は、神女だったのです〜」と言ってしまいたくなるような大変な能力、霊力ともいえる力と叡智と、感性をもちあわせ、言霊《ことだま》の意味、自然界のコトワリ、宇宙とのつながりをも熟知し、呪《まじな》いウタや祓《はら》いウタで害虫や国の危機を退けた方でした。アマテルカミやソサノヲ（スサノオ）も、この姫を頼りとしていたということはまったく知られていないのです。

なぜか、後世ではいっさい封印されてしまわれたこの姫様ですが、ある時期までは、かつてそういう凄い力（神通力ともいえる）を持つ女性がいたという記憶や敬愛の思いが、人々の記憶や話の中に残り、それが、変化してアマテラス神話や卑弥呼の話や各地の弁天様や、かぐやひめ伝説などのモチーフとなったのかもしれません。

日本はいま、物こそは豊かにあふれていますが、実は大変な国難を迎えています。放射能による汚染だけでなく、人々の心の汚染、言葉の汚染が止めようもない状況です。
そればかりか、かつて敗戦時に日本の大切な精神や道徳教育までがアメリカによって排斥されたのと同じようなことが、いままた、TPPによって、ただの関税問題ではなく、アメリカにとっての障害になる日本のお米や日本語において行われるおそれがささやかれてもいます。

かつて、「言葉の乱れはクニの乱れ」と見抜き、正しい言葉と音を普及させるために「アワウタ」を整え、国中にうたってひろめたイサナキ・イサナミの後を継ぎ、琴やハニフダも用いて、その四十八音の普及に尽くされたワカヒメ様の心中はいかばかりでしょうか。

一昨年（二〇一二年）、六甲の甑岩《こしきいわ》神社の一番奥の大きな祠《ほこら》は、ワカヒメの祠であることがわかり、その翌年には、富士山の麓の河口湖の旧い御師の家から、ずっと待たれていて未発見だった、ミカサフミの、このワカヒメとアマテルカミの会話が記されている『アワウタのアヤ』の貴重なる写本が発見されました。

これらの動きに意味があるとしたら、それは、和歌や、やまとことはに秘められている、宇宙ともつながる本当の力と、それを用いて自然界のすべてと調和して生きることの大切さを、私たち一人一人の中に思い出させて、いまを乗り切ってほしいというワカヒメの願いの顕れなのではないでしょうか。

これをただの物語と思われるかどうかは、お読みいただいた皆様の心ひとつにお任せいたします。古《いにしえ》のこのクニに、こんな思いで生きられた女性がいたのだということだけでも、お伝えできたなら望外の喜びです。

まずは、ワカヒメの生きられた生涯を、当時、聞き取り名手であったことから「キクキリヒメ（菊理姫）」と称え名がついたシラヤマヒメ（白山姫）の水先案内と、ワカヒメの語りによるものがたりで味わっていただきたいと思います。

その後に、ものがたりについての検証と考察を、現代の聞き取り名手である、アマノコトネさんの聞き取りを交えてお楽しみいただく、一粒で二度おいしい？一冊となれば幸いです。

このものがたりをお読みくださるみなさまへ

わたくしはワカヒルメ、またの名を、下照ヒメ、生まれたときの名を日霊子と申しました。

七代目のアマカミであられた我が両親、イサナキ・イサナミの長女として、この地球（チダマ）に生を受けました。

いまの世では、すっかり、わたくしの存在は忘れ去られ、消し去られ、まさにヒメ＝秘め、となっております。

しかし、時はまさに、あろうことにも、このやまとくにから放射能なるものの汚染、海の汚染がはじまり、大地と海を守り、すべてのものを生かしてくれている緑なす森の木々の伐採や、人々の心の乱れ、言葉の乱れと、おおいなる国難の時といえる事態を迎えております。

この国の誕生から全身全霊で守ってこられた、クニトコタチさまはじめ、我が祖父トヨケカミさま、連なるカミガミ、アマテルカミ。こぞって、気づけとばかりの願いと思いを伝えようと、数年前より、かつて遺した証やフミ、このときを乗り越えるためのふるき伝えや智慧が各所で見つかる仕組みを起こされているのに気づいておいででしょうか。

その中で、わたくしが世に甦るということは、それはすなわち、「ワカヒメ」との称え名をいただいたゆえんとなります、若返りの力を秘めた和歌をはじめ、四十八（よそや）なる音のヒミツ、五七調（いねななみち）のめぐり、日本のコトノハの力、宇宙と繋がり活気を生み出す力の復活ということでもございます。

いまこそ、素晴らしい心と知恵をお持ちだった、古代に生きられた祖先の御姿や御心、足跡を、にほんのルーツを知りたいという熱意をもつ人々にお伝えするべきときでございます。こうした「ものがたり」にも、「まこと」のかおりを感じてくださるお方の多く出でますことを切に願ってやみません。

これ見んひとは　しはかみの
こころホツマ（まことの極地）となるときは
花咲く御世の春や来ぬらん

……これは、わが弟ソサノヲの子孫、クシヒコの末裔、三輪のオオタタネコが、かつて、このくにのまことの伝えをオシロワケ（景行天皇）に奉呈されたときに添えたことのは。

まことの春の世となり、まほろばであるこの国の人々に、すべてを和《やわ》す心の花が咲き揃いますことを、わたくしも切に待ち望んでおります。

平成の御世二十六（ふそむ）のコノメハルタツ

ワカヒルメ

［新装版］ワカヒメさまの「超」復活！　目次

3 「ワカヒメ様の超復活！」の復活
9 はじめに
13 このものがたりをお読みくださるみなさまへ

第1部 ワカヒメ様は言霊の秘密を消すために隠されてきたのでは

23 ワカヒメ様との出会い
34 伯家神道とホツマツタヱ
38 フトマニと和歌
46 封印された神々がよみがえる
55 アワ歌の3要素
61 アワ歌は人間の機能を整える
79 フトマニの宇宙観
87 トヨウケ
90 本当の物語の入り口
94 用語解説

第2部　ワカヒメコトネ語り
99　コトネ語り（アマノコトネの考察、及び監修）

第3部　はじめてのワカヒメものがたり
155　①満月の旅立ち　イサ宮からニシトノへ——三歳になる年に捨て子となって流される話
179　②カナサキのヲシエ——アワ歌と和歌——モトアケ（ふとまに）のヒミツ
216　③再び宮中へ——弟、アマテルカミの「妹」姫となる
238　④トヨケノリ＝偉大なるトヨケカミ
252　⑤ワカヒメの恋——恋を叶えたマワリウタ
279　⑥言葉戸（いはと）をきわめて——歌のミチ、琴のミチ、ネコエのミチ

303　巻末資料篇

カバーデザイン　三瓶可南子
イラスト　大野舞
校正　麦秋アートセンター
本文仮名書体　文麗仮名（キャップス）

第1部

ワカヒメ様は言霊の秘密を消すために隠されてきたのでは

SUMIKO!

宮崎貞行

アマノコトネ

ワカヒメ様との出会い

SUMIKO!　きょうは、『ワカヒメさまの「超」復活！』のためにお集まりいただきました。

ワカヒメという名前を聞いても、ご存じの方はほとんどいらっしゃらないと思うのです。なぜ、今、ワカヒメをクローズアップして皆様に伝えたいと思ったかということを、まず簡単にお話しさせていただきます。

実は、ワカヒメというお姫様の名前が一番出てくるのは、「ホツマツタヱ」という、古代のヲシテ文字で書かれた1万行に及ぶ五・七調の叙事詩から成る歴史書です。

私は、20年ぐらい前に、急に熊野本宮大社に行くことになりました。私は今でこそ神社に行きますが、当時は神社なんてほとんど行っていなくて、出身はプロテスタントの大学で、聖歌隊でした。それがなぜか熊野に行くことになった日に、途中の川湯温泉で、朝、すばらしいお日様の下で、「さあ、きょうは熊野本宮に行こう」と思って起きましたら、私はイタコでもノロでもないですけれども、求めてもいないのに、旅館の一室の天井から何か声が聞こえてきた。館内放送かなと思っていたら、それが耳のそばに来て、すてきな男の方の声で「ホツマツタヱ」と言ったのです。

そんなものは知りませんし、最初は何と言っているか聞き取れなかったのですけれども、「ホツマツタヱ、ホツマツタヱ」とおっしゃったので、そこにあったガイドブックにボールペンで書き入れました。いったいこれは何だろうと思ったんですけれども、たぶんこの旅行でわかるのかもしれないとも思ったのです。「そういう碑はありますか」と、いろんなところでそのガイドブックを見せても、どなたもわからなかった。「そんなものは知りません」ということでした。

当時は、まだグーグルで検索という時代ではなかったので、それはそのまま持ち越しになりまして、東京に帰りましてからいろんな方にお伺いしたら、そういうものがあることだけはわかったのです。そこから探っていきまして、最初に行き当たったのが、今は亡き松本善之助先生の本でした。そこから、「ホツマツタヱ」というものがあることがわかりました。

その1万行に及ぶ叙事詩は、私たちが1巻とか1章というように、1アヤ、2アヤ、3アヤという数え方をして、全40アヤ発見されていて、しかも、松本先生が一生をかけて、「イーリアス」に出会ったシュリーマンのように、本当に情熱を持って解読されていったものだったのです。そこには、当時の人名から、地名から、暮らしぶりから、哲学まで、すべてのことが40アヤにわたって如実に書かれている、とても貴重なものです。その1アヤ目に出てくるのが、ワカヒメ様です。

最初の、1アヤ目にこんなにはっきり書かれているワカヒメ様が、私たちが知らない存在であるのはどうしてだろうという疑問がすごく残りました。その記述がとてもドラマチックで、数奇な人生を送られた方で、まず3歳で捨てられてしまうのです。お父様、お母様が厄年であるということから捨てられて、カナサキ・エシナヅという夫婦に拾われて、ヒロタの宮で育てられた。アワ歌という48音のウタを子どものときから教えてもらって、本当に和歌に長じていかれたので、最初に生まれたときはヒルコというお名前だったのが、たとえばもちつきが得意でいらしたら「モチツキタロウ」(笑)となるように、和歌に秀で若々しいのでワカヒメという称え名も後に賜った方だったのです。それがワカヒメとの出会いでした。

それをずっと抱えていたのですけれども、私は不思議に子どものときから「ワカ」という言葉が好きで好きで、小学校のときに、白地図帳でも和歌山県だけが好きで、大事に一生懸命塗ったり、「ワカ」という響きにすごく惹かれていたのです。

あとは、書かれておりますアワ歌を自分なりにメロディをつけて歌っていて、それがとても心地よかったり、物事の整理がつかないときでも歌っているとアイデアがスパッと浮かんだりして、このアワ歌を、昔の方たちは本当はどういうふうにどんな節まわしで歌っていたのかなというのが私の中にずっとありました。

そうそう、或る場所で、作曲家の千住明さんのお話を伺うことがあり、その折に、「古代にアワ歌という、かくかくしかじかのものがあるが、作曲をなさる方としては、たとえば、『あ』だったら『ソ』のイメージがあてはまる、というようなことはあるものでしょうか?」という質問をさせていただいたら、「それはボクが思うのには、もう、西洋音楽とはまるで違うもので、波動の世界のものだから、毎日違ってよくて、しかも、歌う人によって違う、その日の状態で違うというものであったろうと思います」と、お答えを頂いたなどというエピソードもあります。

途中、人生いろいろありましてホツマのことは忘れて、子育てや日々の生活に埋もれていたのですけれども、時を経て十何年後に、また古代のことを勉強する機会が訪れてから少したったときに、稚可日霊女（ワカヒルメ）と、漢字でありましたが刻まれ遺された文字が、六甲の甑岩神社のほこらに見つかったのです。前からあるものだったのですが、気づかれずにきていたんですね。そこにワカヒルメという文字が刻まれていることは、誰も知らなかったのです。それで、「あのワカヒメはやっぱり本当にいらしたんだ」という話がバーッと出てきました。そのときは、同時にムカツヒメ（世にいうセオリツヒメ様）のほこらも六甲山（ろっこうさん・ムカツヤマ）に見つかり、封印されていた方々のことがたくさん出てきたのです。

それがちょうど3・11の直後です。東日本大震災の後、みんなが本当に価値観の変換を迫られて、若い方をはじめ皆さんが日本のルーツを求め始めた。自分たちのルーツは何なんだろうということで、神社なども大変な参拝数になり、「古事記」が注目を浴びた。みんなが自分の祖先やルーツを考えたい、日本について考えたいという風潮になったときに、六甲でそれらのものが見つかりました。「日月神示」で東北に艮《うしとら》の金神《こんじん》が起きてくると言っていた。3・11は東北でしたし、やはりそういうことも関係があるのか、封印されていた古い神々が出てくるきっかけなのかなと思ったのです。

今まで、私たちはそもそもの先祖が途絶えていたような気がするのです。自分の〇〇家というあたりの先祖はあったとしても。そういう意味で、記紀に書かれているように、天からいきなりおりてきた、自分たちとは違う世界からの神様ではなくて、実際に生きていらした遠い昔の先祖たちが次々と起き出したなと感じた、そのおひとりが、ワカヒメ様でありました。

このあたりのことは、きょうお越しいただいている宮﨑先生もとてもよくご存じでいらっしゃると思いますし、そういったいにしえの方々が今よみがえられている例は、ほかにもご存じだと思うのです。宮﨑先生は、ワカヒメ様が広められたアワ歌をずっと歌われて、本にもされています。ワカヒメ様についてはどのようにお考えですか。

宮崎　やはりきっかけは3・11だったのです。それで日本人の魂が揺さぶられた。戦後、今までずっとアメリカの人間中心の価値観のもとで生活してきて。日本の伝統とか歴史をまったく知らなかった。ところが、先ほどおっしゃったように、もう一回、精神的ルーツを探してみようという機運が、3・11以降、相当出てきたように思うのです。私も、太古の神々が復活しつつあるのではないかという気持ちを強く抱いているんです。

私は、最初はワカヒメでなくて、アワ歌から入ったのです。アワ歌なるものが、最近、いろんなところで歌われ始めた。三々五々、みんな小さいグループになって歌っている。その中で、私もおもしろそうなグループに入りまして、歌い方を教わりました。

そこで歌っていると、何となしに気持ちがよくなる。ホツマツタヱの中で、五臓六腑がよくなるとか、体によいとかいうことが書かれている。自分でも、悪くないなということがだんだんわかってきて、今は毎朝、多摩川に行って、30分ほど響かせているのです。

そのことから急にアワ歌の本（『アワ歌で元気になる』）を書きたくなって、それで書いたわけです。だから、ワカヒメについては全然知らなくて、後でアワ歌というのを調べてみると、これを広めたのがワカヒメさんだったということがわかってきた。つまり、アワ歌は、イサナキ・イサナミノミコトが、民の言葉が非常に曇ってきた、濁ってきたので、これを正そうということでお始めになったのですが、おととし（２０１２年）の11月、アマノコトネさんと一緒に訪れた河口浅間神社の前にあります富士山御師の家の屋根裏部屋から、偶然、２５０年ぶりに古文書が出てきた。その古文書を調べてみたら、「ミカサフミ」（※巻末参照）の今まで欠けていた部分で、ちょうどアワの歌に関する部分が出てきたのです。

アワ歌の本をつくって、最後の校正をしていたときに、アワの歌というのはこういう意味だよということが書いてある、それがピッタリ出てきたわけですね。びっくりしました。

SUMIKO!　その古文書では8代目アマカミであったアマテルカミがワカヒメ様に、アワ歌とはこのようなものですよと説明されていたんですね。

宮崎　そうです。だから、このミカサフミを今回の本の最後にでもつけ加えておいていただくといいんじゃないかと思います。

SUMIKO!　そのときご一緒だった、アマノコトネさんに、私はワカヒメのことを書きたいとご相談しました。ただ、ホツマには記述がそんなにたくさんあるわけではないし、ご生涯を浮かび上がらせるとき、細部まで実証することができないのでどうしようとご相談したらば、「それは私が読み取る力があるから、私を使えばいいじゃないの」とおっしゃってくださって、「そうか！」ということで、この企画が誕生したわけなんです。ただし、それらをすべて合わせて「物語」として書かせていただいたので、あくまで基本はフィクションとさせていただきました。

河口浅間神社の御師本庄家のところで、「ここが何だかおもしろそうよ」とコトネさんが声をかけてくださったことから見つかった写本の一部は、「ワカヒメのアヤ」ずばりそのもの。ミカサフミは全部は見つかっておりませんで、これまでの中で一番貴重な部分の大発見ですね。このフミのおかげで、ワカヒメが起きているというか、伝えたい願いがあるということを私たちは感じたので、この企画になったということもあります。

コトネさんと２人でワカヒメについて探っていくうちに、結構ワカヒメにシンパシーを持ってしまって（笑）。アマテルとシモテルという――シモテル、シタテル、読みとしてはどっちが本当ですか。

コトネ　ご本人はシモテルとおっしゃったけれども、ホツマツタヱではシタテルになっている。

私も、アワ歌しか知らなかった。ホツマツタヱが何なのか、ミカサフミが何なのか、「フトマニ」が何なのか、何も知らないで、ただ、河口浅間神社の御師のお家のそれこそ屋根裏部屋の長櫃《ながびつ》の中から出てきたものを、私が一番初めに手に取った。それが何なのかわからなかったけれども、アワ歌のヲシテ文字が書かれた写本だったんですね。そんなに厚みもあるわけじゃないし、ホツマの先生方をひっくり返すようなものであるなんて思いもしなかった。

「宮﨑先生、こんなの出ました」みたいな感じでお渡ししたら、そこには漢字の訳文も書いてあった。先生は古文書をきちっと読み解く力がおありになる方なので、それをごらんになって、「これはすぐコピーして」と言われて、コピーしたものを千葉富三先生と池田満先生、両方にお送りになったという経緯があります。ホツマの名立たる研究家ですね。

SUMIKO！　私も伊勢のほうで、池田先生の勉強会に参加させていただいたりしていました。

コトネ　その方々に宮﨑先生がお送りになってからは、畏れ多い話でどんどん……。

SUMIKO！　それは池田先生が『よみがえる縄文時代イサナギ・イサナミのこころ』に、最初は、発見されたといってもいつもいろいろがっかりすることが多いから、今度もまたどうせそうなんだろうと思っていたのが、送られてきた写本のコピーをごらんになって、本当に総毛立ったようになって、軽自動車をしゃにむに伊勢から富士のほうへ走らせたと書いていらっしゃいます。

ヲシテというのは、なんでそんな難しい名前なのかと思いましたら、「教え手」という意味らしい。それによって説明するというヲシテ文字なのです。この文字で書かれた文献には、わかっているところで、「ホツマツタヱ」「ミカサフミ」「フトマニ」の3つがあるのですが、これまでは、四国の宇和島だったり、滋賀県だったり、どちらかというと西側で見つかってきていたのです。それが東で見つかったのは初めてですか。

宮崎　そうでしょうね。

SUMIKO!　しかも、こともあろうに富士山。その直後に世界遺産になったんですね。富士山は、ヲシテ文献によれば、ハラミ山（のちにオオヒヤマとも）という名前の大切な山で、アマテルカミがお生まれになったすごいお山だったんですけれども、「古事記」や「日本書紀」には、日本人が見ると誰もがウワーッと思う、この富士山が出てこないのです。そんな不思議なことってありますか。何ものかおわしますしかないあの富士山です。そこに秘められていた古文書が出てきた。これは日本が変わるぞと私は思ったんです。

伯家神道とホツマツタヱ

宮崎　なぜそこから出てきたかということですが、江戸時代の中期に、伯家神道の学頭たちが河口湖に行って、御師たちに伯家神道を教えていたのです。当時、神社界で勢力を持っていたのは吉田神道で、吉田家（卜部家）だったわけです。それがあまりにも力を持ちすぎて、伯家は反発していた。本流は天皇家の神道を主導してきた白川伯家にあるのだということで、江戸時代の中期に盛り返します。その一環として、森昌胤《まさたね》といった白川家の学頭たちが河口湖に寄っている。当時の御師たちに教育をして、吉田神道から白川神道に一斉に鞍がえさせるのです。

そのときに伯家神道を教えたテキストが相当出てきた。この文書はそのテキストの1つだったわけですね。その長櫃から発見されたものの中には、古事記の写本、万葉集の写本、日本書紀の写本、中臣大祓の解説とか、フトマニ伝とか、祝詞集とか、白川家の神道の免許状をもらうためにそのテキストを買って、講習を受けていたわけです。そのテキストの1つに、これがあった。ということは、ホツマツタヱとかミカサフミが伯家神道の中の重要な一部を占めていたということが、傍証されるわけですね。

伯家神道は宮中、天皇と皇太子と摂関家に神道教育をしていましたから、現在でも天皇陛下は「トホカミエヒタメ」というご真言を賢所で述べておられるはずです。そのご真言はどこから来たかというと、古事記にもないし、日本書紀にもない。ホツマツタヱとミカサフミにしかないわけです。ですから、もしホツマツタヱとかミカサフミがすべてウソであるとするならば、天皇が宮中で唱えているご真言も、にせのご真言を唱えていることになる。そういうことがだんだんわかってきたわけです。

ミカサフミは、古代の宇宙発生論とか、人間観などを伝える、極めて重大な資料でもあるわけで、我々は洗脳されてきたキリスト教的な宇宙発生論とか世界創造論ではなくて、やはり日本人独特の、インカとか、マヤとか、ケルトという古代世界に共通していた古代の宇宙観や人間観をもう一回発掘してみようじゃないか。そこから新しい日本をつくっていこうじゃないかという動きが、今ふつふつと湧き上がっているように思うんです。

コトネ　すごくいいことだと思いますね。ワカヒメという方をまったく知らなかった私でさえも、ワカヒメ様はどんな方で、どんなことをしていらした方なのかと、私の本分である読み取りをさせていただいたら、「うそ、そんなこと？」と……。

アマテルカミよりも先にお生まれになっていたヒルコヒメ。そして、アマテルカミが生まれるまでほかのお家で育てられた。日嗣の御子、日本を代表する天皇になる方、アマテルカミが生まれられた後に、また宮に入っていらっしゃる。何のためにに入ったのかということも、私たち2人の中ではクエスチョンだったのです。

SUMIKO! クエスチョンというか、ある程度思ってはいたことでしたね。やっぱりアマテルとシタテルと両方あった。

コトネ シタテルという名前が出てきたのはずっと後なのよ。宮に入ったときは、ワカヒメで入っていらっしゃるのね。なぜシタテルというお名前をアマテラスからいただいたかというところまで行って初めて、なんだ、そういうことなんだとわかったわけだもの。

SUMIKO! ただ、ワカヒメ様は神通力ではないですけれども、言霊を操る。ホツマの中にも実際に文献として、言葉の組み合わせ方、32音で歌を詠んで、それが居心地が悪いので害虫が去っていったとか、ある種、超人的なこともできた方であることはうかがえたのです。つまり、神代、人の代とあって、イサナキ、イサナミをさかのぼる最初のころの神代の、もっとすごい方々の血を引いている。しかも、最初の子でいらっしゃるわけだから、そういう力がないわけはないですよね。そういう方は、やはり中央でいろいろお役目があったのではないかと推察はできましたね。

フトマニと和歌

SUMIKO!　先ほど宮崎先生がおっしゃられたホツマツタヱとミカサフミ、宮中でトホカミエヒタメを唱えられているご神事の話の根源となるのは、結局、フトマニと呼ばれているものではないでしょうか。私は物語の中でモトアケと書いておりますが、フトマニ図から、アワの歌も「アイフヘモヲスシ」を組み合わせてつくられています。

コトネさんは、フトマニは最初は棒だけで、その後、3重の円になり、最後、アマテルカミのときに、外側の2つがくっついたと読み取ってくださった。

コトネ　アマテルカミになったときに、和歌がくっついた。その前のアイフヘモヲスシは、イサナキ、イサナミさんからシモテルヒメ、アマテラスが受け継いだ。

SUMIKO!　(フトマニ図を示しながら) これが宇宙のビッグバン、アウワです。その周りに、2つ置きにトホカミエヒタメとなっています。逆回りにアイ

フトマニ図

我々が生きているやり方が宇宙の本当のあるべき姿にのっとっているかということをただすために、このフトマニがあった

フヘモヲスシとなっていて、外側の2つが2個イチと言ったら変ですが、ハラとか、ヤマとか、キミとか組み合わせて、32あるのです。2音で1つなので16で、アイフヘモヲスシの8×16で確かに128種類の勅撰和歌をアマテルカミが集められた。

まつりごとでわからないことや、ハタレの乱が起きたり、どこかに病気があると、この図は宇宙の成り立ち、法則、もとだから、何かがずれている、これにちゃんとのっとっていないせいで起きているんじゃないかということをはかるために、このフトマニを用いた。それをウラ（ト・占）と呼んでいたのが、だんだんウラナイになっていった。

128首の歌は、いろんな歌があるんですけれども、難しいわけですよ。これを読んで、実際に起きたいろんな問題と引き比べて解釈するのは並みの方ではできない。たとえばシネセならば、その歌は「シノネセ（為寝）ハ　ムシハムハハ（蝕《むしば》む大蛇）カ、ハヤカレカ　ミツ（他人の長所）ヤウラミテ　シネセアムラン」と、すごく難しいのです。これは現代語でないからという意味ではなく、とても深い歌がいっぱいあって、コトネさんがおっしゃるには、128首を本当に読み取って、政治に生かすとか、はかることができるのはたぶんワカヒメだったのではないか。和歌に通じているワカヒメ様がそれをされていたのじゃないかという話がありました。

コトネ　アマテラス様は政治をやっていらっしゃるから、占いなんていうのは、ほかの人に任せたと思うのです。

SUMIKO!　後世になると、そういうことを読み取ることができなくなっていったから、だんだんおみくじみたいになっていって、占いとか、吉凶とか、そんな感じになっていきましたが、昔は、我々が生きているやり方が宇宙の本当のあるべき姿にのっとっているかということをただすために、このフトマニがあった。これが昔の賢所に納められていたと聞いておりますが、本当でしょうか。

宮﨑　そこのところは私は確認していませんけれども、白川家の伝えていたフトマニが、後になって亀卜的なものにずいぶん変質しているのです。ですから、もとの意味がわからなくなったのだろうと思うのです。

コトネ　このフトマニ図自体が世の中に出たのは、ワカヒメ様が丹生で銅板に書いたのが初めてなので、本当にどこまでをなさったのか。和歌まではなさっていないと思うのです。アイフヘモヲスシの形で、それを全国に配られたか、もしくはウエに上げるというお話をしていらしたじゃないですか。でも、その銅板も今は見つかっていないので、その銅板が見つかったら、すごいことになるという話にもなっているのです。

私も、以前は和歌なんて全然知らなかったんです。五七五七七ぐらいは知っていますよ。でも、自分で和歌を歌えるとか、和歌の内容がわかってくるなんていうことは、考えてもいなかった。

SUMIKO! でも、見ていると、不思議なことにわかってきますでしょう。日本人のDNAだと思う。

コトネ 6カ月間、毎朝4時にワカヒメ様から和歌のメッセージが来るわけじゃないですか。それでならされてきた。

SUMIKO! すばらしい歌がありましたものね。

コトネ 一番最後に来たお歌は、上から読んで1首、下から読んで1首です。その内容がすごく濃いのね。濃いなあと思ったら、その翌朝、また来たのが、「この一番初めのところだけをとってね。そうすると、一番初めにこういう歌ができるの。2番目はこういう歌ができるの」と。そして、上からが5首、下からが5首で、対歌になっている10首でしょう。うわあ、これ、何だろうと思った。その真ん中に、またアマテルカミとワカヒメご自身のことが書いてある。本当にここまで和歌の世界ってすごいのかと、知らないなりにびっくりしました。

SUMIKO!　私たちはこういう言葉を持って、言葉を駆使できるすごい民族ですね。万葉集だって、詠み人知らずという、どなたが詠んだかわからない歌でもすばらしい。ワカヒメ復活は、日本人はこれを操れるということに目覚めてほしいということがすごくあると思うのです。

コトネ　和歌をどなたにでも詠んでいただくと、右脳が働いてくれるのね。現代人は左脳人間です。それが、今まで和歌なんてと言っていた人たちでも、ともかく1首詠んでみてくださいと言うと、「あれ、何これ」とおもしろがる。そのうちに五のグループと七のグループと分けて書いてもらって、五七が決まると、その後の五七七が、みんなサラッと出てくる。

SUMIKO!　ギャルたちの間でブームなんですって。五七でする和歌合戦みたいな。

コトネ　この世の中の若い人たちが和歌に興味を持ってくれたということも、ワカヒメが復活する刺激になっているかもしれない。

SUMIKO!　逆に言えば、そういうものが復活するように、何か働きが起きているのかなと思いますね。ギャルたちが五七に帰っていく、どうして？　と思いませんか。あんなに言葉が乱れていたのに。

コトネ　言葉が乱れると世が乱れるというじゃないですか。

SUMIKO!　それはイサナキ、イサナミがおっしゃったことで、国の乱れは言葉の乱れ。

コトネ　世の乱れもここまで来ているのだから、言霊で直しましょうよということですね。

SUMIKO!　日本語はその中でも特別で、日本人に生まれるからではなくて、日本語を使うことで日本人の脳は日本人脳になっていくそうです。だから、外国の方でも日本語を駆使できるようになると、その現象が起きてくる。たとえば、繊細な虫の音とか、風のそよそよとか、ああいうことがわかる脳は、ヨーロッパではできないというけれども、日本語をうんと使っていると、そこもわかるようになる。つまり、目に見えないものを目に見えるものに置きかえることができるのが日本語なのです。目に見えないものから、目に見えるものにあらわす。

アウワはまさにそれで、アは天からのエネルギー、ワは大地からのエネルギーという言い方をしています。つまり、目に見えないものと目に見えるものの融合が地上で起きるという現象がアウワではないですか。それを呼び覚ますことが言霊です。

最近は、それは別のルートから探っていったのかもしれませんけれど、アメリカで、言葉で言うと願望が実現するという本がすごくヒットしました。引き寄せとか、そういったものはみんなそういうことになりますが、それは実は日本でずっとやっていた。言挙げというか、言葉にしたら本当にそこにものが生まれるということは、古代の人はご存じだったんですね。それを私たちは忘れちゃって、目に見えないものを寄ってたかって否定して、目に見えるものだけで構築してきた近代から現代の世界が、もうもたなくなってきた。目に見えないものに耳を傾け、ちゃんと見て、そことバランスをとってやっていかないと、私たちは存続していけないから、こういう方々が起きてきているのではないかと思います。

封印された神々がよみがえる

SUMIKO!　ワカヒメを全然ご存じない方が、一番知りたいことって何でしょうか。

――（編集部）　みんなアマテラスオオミカミは知っているけれども、ワカヒメはなぜ隠されてしまったのか。明治維新のときに国家神道になってしまって、アマテラスオオミカミを立てて天皇制に持っていったのは、人間の浅知恵でつくった一神教のにおいがします。今ここに来て思うのは、古代からヤオヨロズの神々と言われているのに、みんなが知っている神様はそんなに多くありませんね。でも、ちょっと奥に入ってみると、こんな名前の神様がこんなにたくさんいたんだとすぐわかる。自分たちの先祖から今に至るまで、それがどういう関係性において、どういう影響を与えてきたのか、実は日本人は誰も知らないのではないか。

今、八百万の神々の封印がちょっと解かれて、みんな一斉に湧き上がってきたわけです。それをどう捉えて、自分たちの生活や未来へのビジョンをつくっていったらいいか。そこがきちっとわかると、その中でワカヒメがどのような役割とビジョンを持って生まれた神様だったのか。なぜ封印されたのかもわかると、自分たちの未来にすごく大きくつながると思うので、そこを明らかにしていっていただければありがたいです。

コトネ　ともかく初めの取っかかりは、ワカヒメってどんな女性？　というところから、私たちは入っていったのです。結局、いろんなことを解くために、小淵沢にある井戸尻遺跡に、縄文という時代にどれほどの文化があったのかということを探しに行きました。そこで見つけたのは「よみがえり」という言葉だったのです。よみがえりということを、縄文の人たちはものすごく大切にした。自分たちの魂がこの地にもう一遍戻ってくる。そういう文化だったんじゃないかと気づかされた。

フトマニのアとワとウは、アは天の気、ワは地の気、その融合したものが人。また、イサナキさん、イサナミさん、そこで生まれた男の子アマテラス、女の子シモテラス、この縦のつながりと横のつながり。この２人を産んだ地球、この２人がいて、天と地の両方があって、初めて私たちの世界はでき上がっているので

太陰文有孔鍔付土器　藤内　高さ51.7㎝
新しい月に抱かれた古い月
双環の眼と円環の胴体とからなる、きわめて理念化された蛙。それを下手から抱くような文様が腕であることは、半人半蛙像のそれと比べれば明らかであり、その両端が蕨手状に巻くことの意味も同様である。少なくとも16世紀には遡るらしい、有名なスコットランド民謡の一節に「新しい月の腕に抱かれた古い月」という表現がある。それは夕方の西空によみがえった三日月、その細い光の腕に抱かれるようにしている古い月、暗い月のさまを指す。天文学で地球照とよばれる現象である。蛙は暗い月の、腕は三日月の表徴であるから、これは西洋でいうところの「新しい月の腕に抱かれた月」の字義どおりの表現である。ちなみに外径18センチ、内径9センチの均一な正円の様は、同じころ中国で流行した円板形玉器を思わせる。後に環とか璧とよばれるそれらも、日月の表徴物であった。

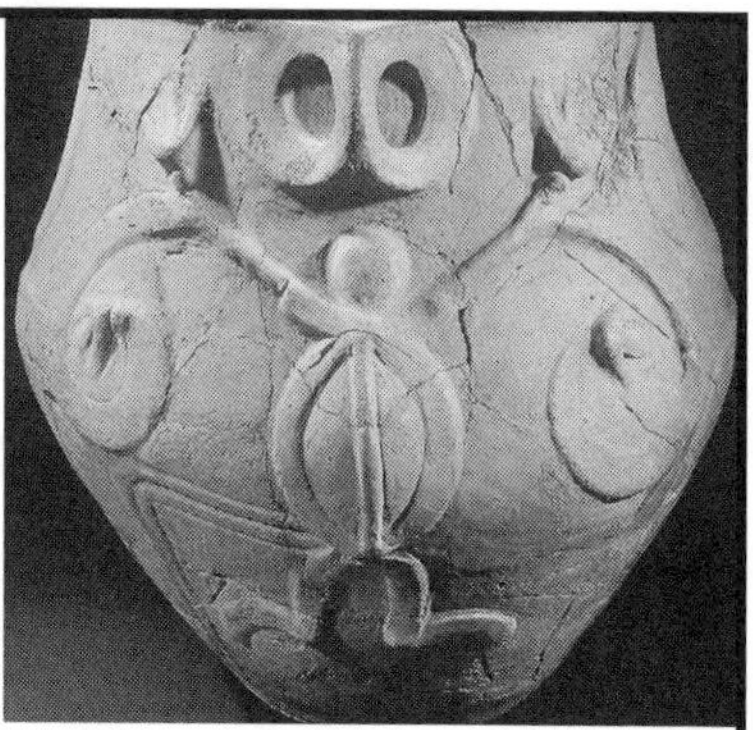

藤内の半人半蛙像
季節を司る精霊
蛙とも人ともつかぬ半人半蛙の精霊像。大きく振り上げた両腕は三日月を暗示し、その手首のあたりから分かれて下方内側に巻く別な両腕は、月の成長と減殺の軌跡を表しているのだろう。左方へのびて蕨手状に左に巻く左腕は、日毎に成長する月が夕空に光り始める行程の軌跡を、右方へのびて蕨手状に右に巻く右腕は、日毎に減殺する有り明けの月が光り終える行程の軌跡を、それぞれ表すものと考えられる。また腕じたいの表現は、肘を境に小高い凸線から平たく幅広な帯に変わっている。肘は腕のちょうど半ばであるから、これは上弦と下弦の月の位置に相当し、弦月を境とする光の量の増減に合致する。すると二分された背中も、上弦と下弦、二つの月相を示すのだろう。右半分が南の夕空で光り始める上弦の月のかたち、左半分が有り明けの南の空で光り終える下弦の月のかたちである。春には、上弦の月が一年中でもっとも高い位置で光り始め、下弦の月がもっとも低い位置で光り終える。秋には逆に、上弦の月がもっとも低い位置で光り始め、下弦の月がもっとも高い位置で光り終える。すなわち上弦の月は春を、下弦の月は秋を司っている。それゆえ、西の夕空に誕生した三日月の生長の軌跡は春のものであり、有り明けの東の空に消滅する旧い三日月の減殺の軌跡は秋のものである。そのように、この精霊像は季節を司っているのだろう。

双眼五重深鉢　藤内　高さ57㎝（富士見町指定有形文化財）

す。女の子はよみがえることができる、子どもを授かることができる。男の人は生まれてきた子どもたちを、タの一族である我々のアマテラスとして教育しなければならない。その1つの具現的なものがあらわれているんじゃないかなという気がしたんです。

SUMIKO!　今のコトネさんのお話を受けると、物語にも書いているんですけれども、それがトホカミエヒタメになるわけです。天皇が宮中で唱えられているというお話がありましたけれども、それはまさにアマテルの部分で、「トホカミエヒタメ」と言って恵みを八方に与える。それがいわゆる天皇であり、アマカミたちのなさったことです。だけど、それをする人たちだけではこの世は成り立たなくて、その恵みをこの地上で人間だけでなく、みんなが調和して受けて、生きて、また天にお返ししていくというところがアイフヘモヲスシである。そこから生まれたアワの歌が今ブームになっているのは、誰でもがこの世で生きていくために一番いい順序、めぐりがアワの歌だと思うんです。

　中央集権みたいなことだけでなく、ヤオヨロズではないけれども、すべてが調和して生きていく。そのバランス、両方があって地球が保たれるということの象徴がアマテルとシモテルの融合だということを、2人でよく話しましたね。

コトネ　私は、この和歌が気になってしようがなかったの。

にちりんを　アマテルカミと　したわれて
われみおやには　なにをのぞむや

和歌浦の玉津島神社に伺ったときに、太陽の外側を二重の虹が囲ったのです。それが出たときに、「アマテラス様は日輪から来られたお方として、揺るぎない場所におられる。私の立ち位置は、この日輪を囲む虹でよろしいのでしょうか。どうせ消えてしまう虹であっても、こんなふうに喜んでもらえる虹もあるのですよ」と私は捉えたの。

今まであまりにも消えてしまう存在であったシモテル様を、私たちがどれほどお伝えできるかわからないけれども、このお歌は、「ここで目覚めてもよろしいのでしょうか」みたいな含みもあるような気がするのですよ。

SUMIKO!　なぜいなくなってしまったか。歴史の中でワカヒメ様が封印されてしまったか。繁栄していく中で、やっぱり都合のいいようにある程度整えていったわけですね。漢字が日本に入ったときに同時に編まれた歴史書からは、もういらっしゃらないわけですよ。

――ヒルコは、記紀では、ちょっとでき損ないにしてあります。なぜそういうふうにして残して、本来の姿は封印したか、そこに1つの作為があると思いますが。

SUMIKO!　宮﨑先生、古事記のヒルコとホツマのヒルコの違い。ヒヨルコというのはホツマにもあるんですね。それが流れた子で、ヒヨルコとヒルコは別人なんですよね。

宮﨑　西宮神社のご祭神はエビスオオカミ（蛭子大神）となっているのです。ヒルコがいつの間にかエビスさんに変わってしまったんです。そこで時代がかなりたって、ヒルコのもとの意味がわからなくなってきた。つまり、漢字に置きかえることによって、漢字の意味に引きずられて、エビスになったり、ヒヨルコとヒルコが混同されたりしたんじゃないか。漢字を使わなければ、その正確な意味がもっとわかったと思うんですけれども、漢字を使うことによって、逆にもとの意味が不明になっちゃったというところがありはしないかなと思います。

SUMIKO!　漢字で、大日霊女（オオヒルメ）とかは今でも残っていますね。横浜の或る神社のご祭神は大日霊女となっているので、そこの社務所に行って、「すみません。このオオヒルメというのはどなたでしょう」と伺ったら、一瞬躊躇された後で、「私どもではアマテルカミの妹君と聞いております」とおっしゃったのです。「どこから聞いたんですか」と聞くのを忘れたんですけれども、そうやってちゃんと祀られている。あくまで妹君としてですけれども、そんなところもある。

宮崎　漢字を使うなら本来は、日霊女と書くべきなんでしょうね。ところが、「蛭」という字を使ったがために、ヒヨルコと混同されるようになった。これは、本来の日本語の意味はわからないけれども、漢字はよく使える知識人たちが記録していった。そういう過程で、もとの意味がわからなくなったのではないか。

SUMIKO!　アマテラスオオミカミも、やっぱり漢字で天照神と、あとは奥様の何とかメとか、いろんなものが一緒になっていくんですかね。

――男と女がチェンジしちゃっているからね。

コトネ　それは大きいですね。

SUMIKO!　これをもし、自分の家の先祖のことと思ったら、うちの「おじいちゃん」だったのか、「おばあちゃん」だったのかというかなりな大問題ですよね。ただ、内容を見ていくと、両方ですね。実際の性別というより、すごいものを持った方々が古代にいらして。

コトネ　男と女と、2人いたのよ。

SUMIKO!　それがアマテルカミなのか、アマテラスオオミカミなのか、両方を併せ持っているようなな。要は、両方の性質を持っていないとダメなんですものね。

――日月神示には「同じ名の神、二柱あるぞ」と書いてあって、全部2ついることになっているんです。

宮﨑　2人1組で1つの役割を果たしていたんでしょうね。

――男と女だったり、善と悪だったり。

宮﨑　アマテルカミの御后であったヒムカツヒメのほうがものすごい霊力があったから、そのうち、ムカツヒメのほうに間違えられていったのではないか。

SUMIKO!　持統天皇は女性天皇で、かつての天皇にも女性もいたのだから、みたいな話もあって余計、そうなっていったというのもありますね。

宮崎　元伊勢と言われる瀧原宮《たきはらのみや》にはお宮が2つあるわけです。もともと両宮制度といって、本来は2つなければいけない。それがだんだん一神教的になって、1宮だけになってしまったということはあるんでしょう。もとは男神と女神とが2つそろって立っていた。

――2つそろっていたというのは、意味が大きいですね。

あと、よみがえりというと、イエス・キリストのよみがえりに収斂《しゅうれん》するけれども、日本神話のほうが聖書の神話に先立ってあったという研究者もいる。

ただ、ここでホツマやミカサフミがこういう形で出てきて、これだけきちっと五七の形で伝わっている。これが出てきたということは、聖書のずっと前に、日本にそういう文明の形があったことがはっきりしてくるので、大変なことになると思います。

SUMIKO!　縄文といったら、みんな獣の皮を着て、狩りをして、貝を食べていた未開人というようなことを私たちは習ってきましたけれども、精神性の高いことといったら、とんでもないですね。

――小淵沢の井戸尻遺跡から出てきたものが、とんでもなくすばらしいでしょう。驚いちゃいますね。

SUMIKO！　すごい世界観ですね。お月様は1回減っていって見えなくなるけれども、また見えてくるというよみがえりを尊んで、復活を象徴するものを土器につくって、しかも、それは使うわけではない。後で壊してしまうのに、あんなに一生懸命つくって、すごいと思います。

アワ歌の3要素

宮﨑　アワ歌にちょっと戻るけれども、3つの要素があると思うんです。

1つは五七のリズムです。この五七のリズムは非常に覚えやすい。古事記編纂の際に稗田阿礼は、昔の言い伝えをたぶん五七調で誦していたんだろうと思うのです。ひょっとすると、それは覚えていたホツマツタヱを誦したものがほとんどだったのかもしれない。ともかく、彼は五七調という非常に覚えやすい……。

コトネ　彼女という話もありますけど（笑）。

宮崎　もう1つは、やっぱり響きです。日本語は母音が非常に響く言葉です。子音は中国語とか英語に比べて少ない。最近では、由紀さおりさんとか、松たか子さんとか、そういった人の歌声のよさに、皆さん、だんだん気がついてきたわけです。日本語って本当にすばらしいなということが、最近やっとわかってきた。ワカヒメは、母音というものをどう響かせるかということを一生懸命教えたと思うのです。

アワ歌の3番目の特徴は、宇宙論です。アは天を意味する。ワは地を意味する。アワ歌は天と地を結ぶ歌である。天の気を地に移し、地の気をまた天に上げる。その中に立つ柱が「ヤ」という文字であらわされる人である。本来、人は、天と地の気を通わせて、天地が本来の姿に整っていきますようにという使命を持って生まれた。そういう人間観があるわけです。

ところが、近代文明はすべて人が中心になってしまって、天地を全部従える、利用する、開発する、自然をコントロールするという方向に行ってしまった。それは逆であって、天と地を整えることが人間の役割である。ですから、アワの歌は「トの教え」といって、整えるという意味を持っているとホツマツタヱにはっきり書いていますね。

その3つの大きな意味がアワ歌にあるんじゃないか。ワカヒメはそれをきちんと広めた。銅板という形にして、また各地を回って教えた。それがワカヒメの仕事ではなかったかと思われます。

SUMIKO! これはただの推測で、何の根拠もないんですけれども、そうやって広められたのに、ワカヒメ様のお姿は全国にあまり残っていませんね。どうしてかなと思うときに、全国にいろんな弁天様がいる。弁天様はインドから来たといいますが、それより前からいろんな弁天様があった。ああいうのは実はワカヒメ様やムカツヒメ様なんじゃないかと思うんです。

もっと奇想天外かもしれませんけど、かぐや姫のようなお話も、ただ生まれたんじゃなくて、私たちを超えたすごい女性がいたという印象が当時の人々の中に残っていて、それで生まれた話なのかなとか、そんなことも勝手に考えたりするのです。

コトネ 対馬にアマテラスと言われている木彫りの像がある神社があるんです。

その像の名前がやっぱり大日霊女なの。あそこは一番古いタカミムスビの神社があるところなの。

SUMIKO!　タカミムスビはもとは東北だけれども、そっちへ移ったと書いてありました。

コトネ　ということは、私たちが追い求めたワカヒメ様のおじいちゃんであるトヨウケさんの話にもなっていくし、あっちこっちの話を出さざるを得ないぐらい、今回は古代のいろんな方たちが私の読み取りの中にいっぱい出ていらっしゃったでしょう。その中から、よくＳＵＭＩＫＯ！さんがワカヒメさんにまとめていったと思いますよ。

SUMIKO!　どうしてこんなにワカヒメ様に執着するのか自分でもわからない。でも、物語のところは皆さんがわかってくださるかとても不安で、まだ書き直そうかとも思っているんです。特にスサノオさんがあれでは、ただの悪い人に思われそうになってしまう。

コトネ　スサノオは、もっともっといい人よ。

SUMIKO!　はい、そうなんです。いい人悪い人というより、生まれながらに業というか、どうしようもないものを背負ってこられて、人間のそういう面を象徴していた存在で、その苦しみの中から悔恨されて見事に回心される様子がホツマにも感動的に書かれていますよね。そして、この方についてだけでなく、物語の中のことはすべて、私が考えたというよりは、書いてから、えっ、そうだったのと思うような。たとえばワカヒメ様は、好きになったオモイカネさんに、上から読んでも、下から読んでも同じになる回り歌を捧げて、恋がかなって結婚するんですけれども、女性から結婚したいという歌をいきなり送る？　私が思う限り、ワカヒメ様はそういう性格の人に思えないのに、どうしてそんなことができたんだろうと思ったのですが、そのプロセスが、物語では、私がそうしようと思ったのではなくて、勝手に「そうだったのか！」という感じで出てきたり……。

コトネさんと一緒に玉津島に行ったし、玉津島でいただいたお札に毎朝ワカヒメ様にご挨拶して、書いたりしていたから、ちょっと教えていただいたこともあったんでしょうか。

コトネ　おもしろいんですよ。私には朝4時に上からいろんな方が見えられて、いろんな歌を歌われたり、「こうなんですか」と聞くと、いろんなことを言ってくださるわけですね。

こっちがくたびれたなと思うと、メールで「SUMIKO!さん、そっちに行ってない?」と聞くんです。そうすると、「来てる。来てる。何か来てる。捉えてる!」みたいなことをおっしゃるので、「帰して」というときもあった。だから、おもしろい2人が組んだことは確かですね。

今、SUMIKO!さんがおっしゃった大恋愛のくだり、あれがなんとトヨウケさんと養父のカナサキさんが仕組んだことだった。そうか、だから、絶対にできるわけのない回り歌がすっと出てきたのです。いくらワカヒメ様でもあれがすっと出てくるなんて。だって、あれは相当時間がかかるわよ。

SUMIKO! それもありますし、私は本当に困惑したんです。だって、私は、当初、恋も叶えることのできる回り歌を詠んだお姫様がいたとなったら、若い女性たちだってワカヒメ様にあやかろうとするだろう、くらいに思っていたのに、コトネさんたら、いきなり「あれは仕組まれたことで、トヨウケ様が決めて謀ったのよ」と言われて、「そうじゃないでしょう。そんなこと、今さらどうやって出すんですか」みたいなことだったんです。トヨウケさんが、「あいつを婿に」

とカナサキさんと相談しているような場面なんかどう考えても出てこない。でも、最後の最後に、あっ、本当にそうだったんだという形でおさまっちゃったんです。あれは不思議でした。

コトネ 別にこっちが意図したわけでもないのにね。

アワ歌は人間の機能を整える

SUMIKO! 自然界のヤオヨロズのいろんなものと心を通わせていたお姫様だったのですが、それはあの方だけではなく、古代はもっといろんなものと心を通わせたり、見たり、聞いたり、生きとし生けるものから感じ取って、共存していたと思うんです。それが失われていっているのは、この地球が一元的な方向に進んでいるからで、それをみんなもっと思い出して、それぞれが聞けるようになったり、それぞれがわかるようになるために、アワの歌もまた復活しているんだろうし、そこを思い出してほしいということを感じますね。

アワの歌はイクラムワタを整えると言われる。私たちは、五臓六腑というと、お酒を飲んで「五臓六腑にしみ渡る」なんていう言葉もあるように、この体のことと思ってしまいます。古代で言うムワタは膵臓、心臓などの本当に臓器のことですけど、イクラは違うんですよね。目に見えない、人間の中の精神とか、神経とか、目に見える臓器のことだけではない人間の構成要素すべてですね。だから、アワの歌を歌うということは、イクラムワタ、つまり、全部整うから、五感や六感など耳や目のセンサーもよくなるということがあるんじゃないでしょうか。

宮﨑　即物的に五臓六腑と捉える見方も間違いではないと思うんですが、同時にまた、その働きを意味すると解釈していいんじゃないか。たとえば腎臓は流す働きである。のどの甲状腺は清める働き、心臓は回りめぐらす働き、そういう機能、働きとして昔の人は直感的に捉えていたんじゃないか。

ウオアエイというのは、よく調べてみると、タントラヨガでも言っているのですが、真ん中の5つのチャクラに対応している。チャクラというのは、同時に経絡とも密接な関係がありますから、ウ音は泌尿器系の働き、オは胃腸、消化器系の働き、アは心臓、循環器系の働き、エは甲状腺、清める働き、イは額のチャクラに対応するので、貫いて見通すという働きを意味しているのではないか。昔の人たち、ヨガの行者も、イサナキ・イサナミノミコトも、ウオアエイの響きと体のチャクラと経絡とが対応していると、おそらく直感的にわかっていたと思うんです。

それからアワの歌は五臓六腑を整えるばかりでなくて、魂の緒を整えると書いてある。玉の緒はタマと肉体を結びつけるもの。その魂の緒を整える。それがアワのウオアエイの響きであると思うのです。だから、心身、霊を整えることをイメージしながらアワ歌を歌っていくと、とてもいいんじゃないかと思うのです。

SUMIKO!　ヒカルランドさんで、実際に気功治療を25年か何かされている方の本が出ているんですよ。

宮崎　片野貴夫さん。そういう響きとか、ホツマツタヱの文字の形、たとえばキという文字は効果があると書いていますね。その人は気功の力が非常に強いから、その人の念の力で治したのか、それとも本当にキという文字で治したのか、そこのところはわからないんです。両方かもしれません。

コトネ　今、心臓の悪い方に、私が口の中でアワ歌を歌いながら、ただ手を置いておきますと、確かに整いますよ。だから、アワ歌にはまだふたをあけていない不思議な力があるような気がします。

SUMIKO!　私もこの間、アワ歌を古代ハワイのフラのイメージで曲にして踊るということをやってみたんですけれども、本当にみんなが、ただ、フラを舞うより、48のアワ歌の言霊が加わることで元気になる、エネルギーを受けると言っています。

宮崎　声に出さなくても、心内で唱えてもいいでしょうね。内側にエネルギーを送りますからね。

SUMIKO!　植物もよく育ちます。

仙台の或る気功治療家は、フトマニの図を体に入れ込むようにして治療されている。どうやって入れるんでしょうね。

宮崎　形そのものが、ある種のエネルギーを発しているんでしょうね。

SUMIKO!　酒蔵に貼っていらっしゃるところもありますし（笑）。

宮崎　それはいいですね。そういう形そのものがエネルギーを出す。音を出す。思いはもちろん出しています。それからイメージ。それらを総合的に捉えていく。

これは余談ですが、ミカサフミの中で、たとえばアカハナマの説明があるわけです。

アカハナマ。この五音は
天高く昇っていく
朝の太陽が
若葉をやさしく照らし
包み込む父のような力を写している

イキヒニミウクの七音は
次なる添え歌で
日の出とともに吹いてくる風の気が
息と化して人の体に入り
人の心をしっかりと定め固めてくれる

フヌムエケの五音は

元の命の根（魂の緒　たまのを）の声である
その声の意味を知れば
根から発する火の力を
配り添える歌とわかる

ヘネメオコホノの七音は
この音をなぞっていくと
人体の気の波が
天《あま》の原（宇宙）と一体になり
人体の六つの根が清く澄んでいく

モトロソヨの五音は
体の中の火の種を燃やし
土（体内）の気を新生させ
新たに湧き出させる

ことを譬えた歌

ヲテレセエツルの七音は
天地《あめつち》のたたえを
歌声に乗せていく
すると周りの環境も新たに整い
隅々まで滞りがなくなる

スユンチリの五音で
すべてを祝いつくすので
身をすこやかに保ち
世々に命を長らえることができる
その祝い唄である

シイタラサヤワの七音は

隠れた母の力がこの世の
月と日の力を
結び調和させ
その優れたはたらきを表す
天地《あめつち》を統合する歌である

という解説が出てきたんですね。

SUMIKO!　そもそもこの表現が美しいですね。この高度な精神文化、考え方は、これだけでもすばらしいですね。私たち日本の誇りですね。

宮﨑　参考までに言いますと、出現したミカサフミにもこう書いてあります。

諭し教える
この元気の道も
実際に踏み行わないと効果がない

ヒルコ姫に
ある時アマテル様が
お言葉を発せられた

その昔、イサナキ、イサナミ様の二神が
アワ歌を
日々に歌い続け国を巡ること
八百万日《やをよろか》

歌い続けてきた
この道統を
私アマテルも受け継ぎ
手で印相を組み
朝毎歌うこと
幾年か

私が今も欠かさない
この教えの手振りは
タマキネ様（トヨケカミ）の作られた
教えを示す仕草である

天の神々を招く
ヒモロギの御柱《みはしら》は
宇宙の原初神アメミヲヤの息（原初のエネルギー）を映す
器物であり
その寄代《よりしろ》としての御柱に
アメミヲヤの息が降りてくるようにと願い奉る

このように深い意味のある
記号を字簡（ふだ）にしておくようにと

任せられたのが
ニフの神たるヒルコ姫様である

ここにおいてヒルコ姫様は
鋳物師に命じ
銅板に文字を刻ませ
広く国全体に
教えたので
ワカヒルメ（若い霊力の姫君）と讃えられた

ニフの神、ワカヒルメ様の御功績は
なんと偉大なことか

こういう文章が出てきたわけです。

SUMIKO! 明快ですね。

宮崎　やっと意味がわかった。その意義がわかった。ワカヒルメの役割が広く国全体にアワ歌を教えたということが書いてあります。

SUMIKO！　ホツマは、とても大事なアワ歌を広めたワカヒメの生涯であるから1アヤに来て、アワ歌を習うところから始まる。国の宝という視点のアワ歌を先祖が私たちに伝えたいと思ったということは、すごくあると思います。

宮崎　もうちょっと読みますと、

二神の国造りの話を聞いたとき
西の座にすわっていた
ひるこ宮さまは
笑顔を保って
慎んでいたが
音声の始まりについての
み教えを
どうしても聞きたくなり

説明をお願い申し上げた

そのときアマテルは
次のような話をされた
宇宙の始まりは
アという音形であった
それは天と地を分ける
かたちである（二重の円のかたち）
人の生まれる最初の声も
ア音から始まる
アメミオヤ（宇宙の生成神）が口をふさいで吹くと
息が蒸れ
鼻から漏れてくる
ウヌという原初の音が生じたのである

その音は、原初の炎が昇る形の
記号文字ウから
三つに分かれたもの
つまり、純粋なウ音から
軽やかに四方に散りひろがる
中のヌ音の形が生まれ

ウ音が身魂霊《みたまひ》を生む
ア音と変化し
月と地球国土を
結ぶ房となる

ウ音とア音からワ音が生まれ
魂の緒も
ア音とワ音に分かれて

外はア（天）に還り
中はワ（地）に還るのである

ヲシテの記号をみると
アの丸い記号は一部破れて、イの記号となり
イの記号は、エの流れる形に変わり
ワ音とウ音よりヲ音の形が生まれる

アは、うつほ（空）を示し
イは風を、ウは火《ほ》を示している
エは、水の形を
オの土の形を加えると、五音がそろう
この五つの要素が交わって
人がうまれ
息をするようになってから

五音と七音の組み合わせで
四十八音の筋（アワ歌）が生じ
ついにここに音声の
道がひらくこととなった
こうして成立したアワ国を
胞衣《えな》として
ヤマト八島を
産み落とされたのである

この話を聞いても、ヒルコは
まだ意味が解らなかった
昔、イサナキ、イサナミの二神が
産み落とした
三男神と一女神の話は知っているが
それ以外に

どうやって国というものを
産み落とすことができようか
とヒルコ姫は思った。ところが、アマテル神は諭された。

原初のア音による和しは
そういう意味ではない
原初のアワ音は
さまざまな生業を
民に教育する基盤となったという意味である
そういう意味で、国を産んだというふうに言ったのである。

そうしてみると
アウワの原音は声の元となった

胞衣《えな》とみてよい
いやもっと正確に言うとアウワの原音は
音声が別々でなく一つのものである

この原初の音から四十八音に分かれた
アワ歌は
八音（アイフエモオスシ）の形に凝縮され
睦まじく暮らす祝言《のりこと》という
変わらぬ生活の知恵を
繰り返し教えているのである

こういうアワ歌の意味が出てきたわけです。非常に深い哲学的なことが書いてあります。

宮﨑　つまりイサナキ・イサナミの2神がアワ国を胞衣としてヤマト八島を産み落とされたのである。アワ国というのは滋賀の琵琶湖の周辺の国で、その国を基盤としてヤマト八島政府をつくられたという意味と、もう1つは、アワの音が基盤となって民を教え、教育していったという意味があります。そこで民がなりわいを覚えて、盛んに生活できるようになった。そういう意味で国を産み落としたとアマテルは説明したわけです。それで、ヒルコヒメはやっとわかった。

SUMIKO! 今の科学顔負けというか、すごいですね。

フトマニの宇宙観

SUMIKO! すべての宇宙のもとはどうだったとか、アワ歌とか、フトマニの形とか、そういうものは古代の人たちは自分でわかったんだと思われますか。どうやってわかったのでしょうね。

コトネ 私のいろんな聞き取りの中で、トホカミエヒタメのお父さんであるクニトコタチから、8人の兄弟たちはかなりいろんなことを聞いているし、それぞれに宝物を持っていた。その宝物は、タカミムスビのタの一族とトの一族が何をいただいたのかというのはわかったけれども、そのほかの人たちが何をいただいたのかを聞いたら、こういうものをもらいましたよという話も来たわけです。だから、それに関してそれぞれにいろんなものが、これはこうだ、ああだというのは、来ていたんだろうと思うのね。

アワ歌って何ですかと聞いたら、「これはトヨウケ様のコモリ歌でした。アワの歌は宇宙音階だったのです。普通の人の耳に聞こえるように歌ったイサナキ様とイサナミ様に敬意の念さえ浮かびます」と来ました。ということは、人がわかる音に直すことができたのがイサナキさんとイサナミさんだったということだと思う。

SUMIKO!　トヨウケ様のコモリ歌だったということは……。

コトネ　祝詞のように口の中でコモって言われていたものを、音にして全国的に回したイサナキさん、イサナミさんの功績はすごいと、私の読み取りではなっているわけ。そういう意味から考えると、アワ歌って本当にすごいんじゃないかなと思う。

宮崎　宇宙というのは、目に見えない音から成り立っているという説がありますね。つまり、波動として捉えればそれはそのとおりで、宇宙をつくっているもともとの波動を音声化して示したのが、アワ歌だということなんでしょうね。

コトネ　「その言葉に神宿り、天地自然のこの響き（波動）をこの国の言葉の基本といたしました。たぶん高周波のわかる何かの機械にかけて調べると、びっくりするような合わせ歌にもなっています。最初は歌ではなく、祝詞のように口の中で低くつぶやくものでした。これをすると、脳の内部が震えます。決して外に響かせるのではなく、体の中に響かせるのです」という回答が来ているから、初めのアワ歌は口の中で……。

SUMIKO!　振動のために、周波数を整えるものだったんですね。ホーミーなんかもそういうものの名残ですね。

コトネ　それを一般の人たちにも分け与えたのが、イサナキ、イサナミ様のアワ歌なんじゃないでしょうか。

宮﨑　原初のウアワは、本当はウアワと発音しないのです。ウアワと発音するのは別な記号で出していますから、仮に「ウアワ」と言っているだけで、本当はウにならない「ウッ」とか、アもアにならない「あッ」とか、宇宙のため息のようなそういう原初の音です。

ウからアとワが生じるというのはやはり古代人の直感で、アは昇る力、遠心力、ワは下る力、求心力。中心のウから遠心力と求心力が生じた。その3つの相互作用によって原初の宇宙がらせん状に回転してでき上がった。その古代人の直感は日本人だけでなくて、古代エジプトにもあるんですね。

SUMIKO!　トーラスとか言っていますね。

宮﨑　「一神から二つの神が生まれ、昇る力と沈む力が生じた。見よ、三者は一体となって活動を始めた」。そういうようなことが古代エジプトのパピルス文書に書いてある。古代エジプトからインカ、ケルト、そういう太古の人たちが共通に持っていた宇宙観であったろう。それが、どういうわけか日本に3つの記号の形であらわされている。しかも、それが現代の物理学にまったく合致するということがだんだんわかってきた。だから、物理学者は、もう一度このフトマニ図を研究しなきゃいけない。

SUMIKO!　いろいろな発見がまた生まれるかも。いろんなものがつくり出されるかもしれない。これが本当は「ウー」という響きだったとすると、この48の1個ずつが全部そういう性質を持った周波数というか響きで、これがレゴみたいなものだと思うんですよ。これを組み合わせてほかのものができる。

だから、日本語もレゴと同じで、アというレゴの部品と、オというレゴの部品が組み合わさると、アオという言葉ができる。アとキをくっつけるとアキとなる。それの1つ1つが持っていた周波数を形にしたのがフトマニだと聞いているんです。

高校のときに習って覚え切れなかった元素周期表、あのCとか、Hとか、あれとフトマニ図が対応しているということを、以前、証明した方がいらっしゃいました。フトマニ図をピーッと開くとこういう図になって、元素周期表を丸くするとフトマニ図になって、それぞれ対応している。だから、これはHで、これはヘリウムでと対応していると聞きました。もしそれが本当なら、恐るべし古代というか、私たちの仕組みは昔からわかっていたわけですね。

それを、どこを震わすといいということで、48音の順番を組み合わせたのがアワの歌ということになるわけで、ワカヒメの話をしていると、結局、アワの歌の話になる。やっぱりワカヒメ・イコール・アワの歌の神様。

コトネ　どうして古代からワカヒメが消えてしまったのかということも、ワカヒメについて書く以上は触れなければならないことなのかもしれない。

SUMIKO!　それは、言霊の秘密も消したかったということですかね。言霊の持っている要素を悪用しようとか、あるいは集中して使われたらということがあるじゃないですか。だから、今は一般的になりましたけれども、これは奥義ではありましたね。そういうものを伏せていかなきゃいけないから、ワカヒメが一緒になって伏せられていったということはないんですか。

ＧＨＱが来たときに、日本の祝詞的なものとか、言霊的なものは没収されそうになったのを、守った方がいたという話は聞いたことがあります。通訳をしていた今でも存命のおばあちゃまで、マッカーサーについていって、本当はものすごく大切な秘儀が書かれていたりするのを「これは大したものじゃないですよ」と言ったおかげで没収されずに残ったものがあると聞いています。

アインシュタインとかみんなが、日本が世界を救うと言っている。それは経済性とか、資源があるとかではありません。それはやっぱり音の秘密、言霊の秘密、古代の人たちが知っていたもの、この辺にある。それを抹殺して一般が使わないようにするためには、それに付随していたワカヒメ様も、一緒に消してしまった

元素の周期律表（第五周期まで）

1	2	3	4	5	6	7	8	(1)	(2)	(3)	(4)	(5)	(6)	(7)	(8)
H															He
Li	Be									B	C	N	O	F	Ne
Na	Mg									Al	Si	P	S	Cl	Ar
K	Ca	Sc	Ti	V	Cr	Mn	Fe Co Ni	Cu	Zn	Ga	Ge	As	Se	Br	Kr
Rb	Sr	Y	Zr	Nb	Mo	Tc	Ru Rh Pd	Ag	Cd	In	Sn	Sb	Te	I	Xe

両端をつなぐ

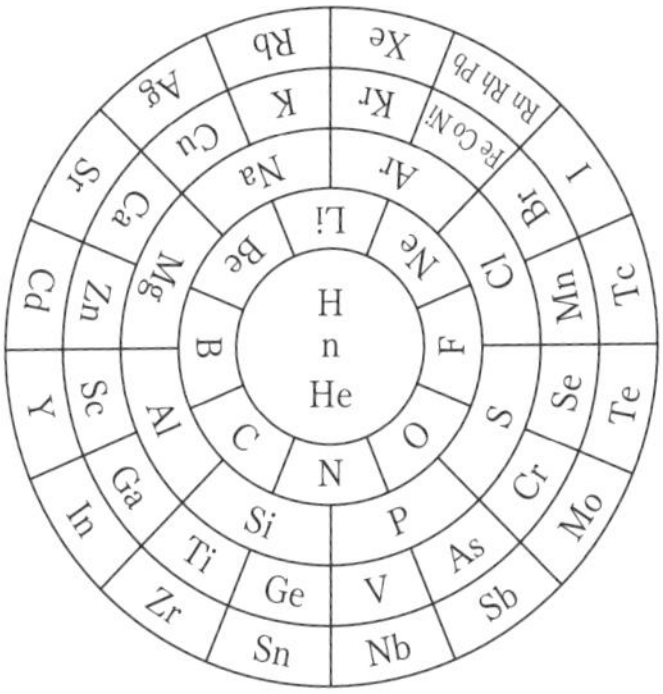

元素の「ふとまに」の図

宇宙の共通語である元素の周期律表を円形に変えれば「ふとまにの図」とまったく同じになる。

［出典：『［新説］ホツマツタヱ』宮地正典著　超知ライブラリー］

というところもあったんじゃないですか。

宮﨑　言霊というのは悪用できますからね。よくも悪くも、どっちにも使えます。だから、特に隠しておきたかった事情があったんでしょうね。

SUMIKO!　ニフの札（かなあや）がどこかにないですかね。

宮﨑　1つは、玉津島神社の倉庫の中にあるかもしれません。もう1つは、廣田神社にもある可能性があるのです。

SUMIKO!　西宮の廣田神社。

宮﨑　廣田から西宮、六甲山脈の表から有馬にかけての広大な土地は、平安時代の花山天皇以来、江戸時代まで、白川伯家の領地だったんです。だから、廣田の辺と非常につながりがある。廣田にはまだ古文書を一度もあけていない旧家があると聞いています。

SUMIKO!　今このときですから、出てくるかもしれませんね。よくぞこの本の出版を石井さんがオーケーしてくださった。こういうこともあり得るのですから、お札（かなあや）も出てくるかもしれません。

六甲の磐座《いわくら》と、廣田神社にはムカツヒメの名前がちゃんと入っていますね。ムカツヒメとは、つまりアマテルカミの奥様でいらして、ホノコ様またはセオリツヒメでもいらっしゃる。セオリツヒメは本当はどんなヒメか、ずっとわからないでいましたが、実はアマテルカミの奥様でいらした。

晩年、ムカツヒメ様とワカヒメ様は行動をともにしていらっしゃる。アマテルカミ様が残し文をされて、日本の女性性を守ってくれみたいな。

コトネ 女の道をきわめるようにと。男の道と女の道がございましたのさ（笑）。

宮﨑 じゃ、男の道とはいかなるものですか、教えてください（笑）。

トヨウケ

コトネ 不思議なのよね。今、宮﨑先生が文章を読まれたでしょう。そうすると、言葉の端々に、私が読み取った言葉がいっぱいあるの。びっくりする。

宮﨑 さっき言い忘れたんだけれども、ヒルコヒメを祀っている甑岩神社からは湯気が昇っていたという伝承があるんです。それはインターネットでも紹介されている。その甑岩から昇る湯気は、たぶん水銀の煙ではなかったか。つまり、水銀の出る山は一種のもやみたいなものが出てくるわけですね。観望といって、空海なんかはそれを読み取る力があった。そこで四国八十八カ所をぐるぐる回って、この山は水銀が出るぞというふうなことで、水銀の山師に連絡していた。空海が唐に行く留学費用を出してくれたのは、水銀の山師だったわけです。そこで高野山とか、熊野山系とか、四国山脈とか、いろんなところを空海は回っているけれども、水銀鉱脈を探すためだった。水銀アマルガムをつくって、それを熱すると、水銀が飛んで金が残るから、金を取り出すためには水銀がどうしても必要だったわけです。だから、ヒルコヒメと水銀とのかかわりが何かあるんじゃないか。

SUMIKO!　高野山の麓に丹生都比売神社がありますよ。

宮﨑　ヒルコヒメも1つの霊能力を持っていて、空海のように、ここは水銀のもやが立っているとか、そういうのが見えたのかもしれませんね。

コトネ　それを教えてくださったのが、トヨウケ様なんですよ。

SUMIKO!　トヨウケ様は水銀だけでなく、五竜が見えた。赤い山、青い山、緑の山、黒い山、白い山。そこにそれぞれそういうものが昇っていた。

宮﨑　トヨウケさんは、その見方を教えたわけね。

コトネ　トヨウケさんが海外貿易をしていたところまで突きとめたのです。その貿易の材料が、水銀であり、金であり、銀であり、銅であるという鉱物だった。
それは天橋立に行ったときにわかった。

宮崎　宮津は古代の貿易港だった。なぜあのへんぴなところにあるのか。貿易港だったので非常に財力を持っていた。

コトネ　すさまじい財力だったみたい。それをトヨウケ様から受け継いだのがアマテルカミだから、へんぴな田舎町でやっていられない。トヨウケさんのもとで、自分はここを抑えなかったら日本は抑えられないというので、大貿易港である丹後の天橋立に行っていらした。

宮崎　金が最初にとれたのは東北ですね。

コトネ　ヒヒロガネと書いてありますね。

宮崎　それ以前にも、トヨウケさんがなぜ多賀城に本拠地を置いたかというと、やっぱり鉱物、金とか水銀が出る山を知っていたんでしょうね。

コトネ　日本全国にそういう大きな発掘集団がいた。それが山師になっていった。

SUMIKO!　多賀城ケタツホの宮はすごいですね。柱の跡は、1本がものすごく太いんですよ。

宮崎　相当の文明があった。それを発掘しなきゃいかぬ。

本当の物語の入り口

SUMIKO！　どういう形からでも、私たちが、古代の人々が知っていた宇宙観や自然観、本当のご先祖たち、埋もれたものにもっともっと近づいていく入り口として、女性性とか、女神とか、そういうお姫様がいたというところから親しみを持っていただけたらいいなという思いがあって、その1人として今回はワカヒメ様に焦点を当てました。

私たちは、ワカヒメ様となるとどうしてもアワ歌なので、アワ歌をめぐって話をしましたが、私としては、そういう時代背景に生きた1人の女性として、ワカヒメ様が私たちの興味への入り口となってくださって、この古代の方々から脈々と流れている私たちの中に眠るものに1人1人が気がついて、目を向けられたら、世界がすごく広がるのではないかと思っております。

コトネ　ワカヒメ様という方と出会わせていただいて、この方は本当に神様だったんですねという気持ちがものすごく強いです。

SUMIKO!　神というものがあるとしたら、すべてを愛する心という意味ですか。

コトネ　そんな地球レベルの話じゃなくて、ワカヒメ様のことを読み取れば読み取るほど、今の人たちも、あの人は神様だよねと言えるだけの存在であったと思うんです。

SUMIKO!　実際にすごい修羅場をごらんになったのね。

コトネ　すごいものを見させられてしまっているから、私たちごとき人間の尺度では考えられないような古代があった。須美子さんがさっき言ったように、その古代を伏せなければならない何かも、時代の流れとしてあったんでしょう。そういう細かいことは今の我々にはわからないけれども、確かにワカヒメ様を追っただけでも、この方はただ者ではない。でも、1人の女性として、人間としてその時代を生きなければならなかったワカヒメ様。本当にもっともっと詳しくやっていいのだったら、恐ろしいことが出てきてしまうだろうから、今回はこれくらいにさせておいてください。

宮崎　戦後の世界が、キリスト教とかユダヤ教、イスラム教といった一神教文明にマインドコントロールされてきた。それが対立を繰り返して、もうおかしくなってきている。ギリシャ・ヘレニズム以来発展してきた論理、左脳を使う文明だけでは、世界の対立が解けないということがだんだんわかってきた。

そして西洋文明の華であるアメリカが行き詰まっている。国内でも、いろいろ凶悪犯罪や大規模な災害が起き、金融危機を迎え、アメリカ人そのものが、最近、自信を失っているわけです。

今の日本人も、そういった現代文明の欠陥に気がついて、何とかしなきゃいかぬとなったときにあらわれてきたのが、太古の神々ではないだろうか。今、ワカヒメさん、トヨウケさん、セオリツヒメさん、そういった太古の神々が復活して、目を覚ませと言ってくれているように思うんです。そういった現象が、日本で同時多発的に、いろんなところでシンクロ的に出てきている。それに気がつく日本人もだいぶ多くなってきている。

そういう意味で、日本人が民族の潜在意識、集合的無意識に持っている宇宙観、人間観、そういうものを思い出すよすがとして、まず、ワカヒメ様から入っていくのがいいのではないかという感じがします。

用語解説

①ホツマツタヱとは

「ホツマツタヱ」（ほつまつたゑ）は、神代文字ヲシテによって五七調の長歌体で記された古文書。全40アヤ（章）で構成（天の部、地の部、人の部の3部構成）。「古事記」や「日本書紀」の原典にもなったと言われ、縄文から、弥生、古墳時代までの歴史と文化を1万行にわたって記した抒情詩。第12代景行天皇ヲシロワケの時代までの記述がある。前半をアマノコヤネ、後半を、奈良の三輪山のヲヲタタネコが編纂。昭和41年に「現代用語の基礎知識」の初代編集長だった、故・松本善之助氏によって再発見・解読されたことで存在が明らかになった。

写本は現在、東京の国立公文書館、滋賀県高島の中江藤樹記念館、で保管されている。

②あわ歌とは

「ホツマツタヱ」「ミカサフミ」に登場する、「あ」（天を表す）ではじまり「わ」（地を表す）48音からなる歌。

上の24音をイサナキが、下の24音をイサナミが歌い、この2神が諸国を回ってこの歌を歌って人々の言葉を整えたという。

あかはなま　いきひにみうく
ふぬむえけ　へねめおこほの
もとろそよ　をてれせヱつる
すゆんちり　しヰたらさやわ

③ヲシテ文字とは

ヲシテ（ホツマ文字）は1音1字の文字である。母音要素と子音要素の組み合わせで成り立っている。48文字の基本文字があり、変体文字を含めると197文字が確認されている。同時代のヲシテ（ホツマ文字）で書かれた文献には、伊勢神宮初代の神臣（クニナツ）オオカシマ命が記した「ミカサフミ」、アマテルカミ（記紀にいう、天照大神）が編纂して占いに用いたと伝えられている「フトマニ」などが発見されている。

第2部

ワカヒメコトネ語り

コトネ語り（アマノコトネの考察、及び監修）

僭越《せんえつ》ながら、この度ワカヒメの生きておられた時代設定と、人となりを読み取って頂けないかというお申し出であり、私の読み取り能力を使いまして、ご協力させて頂く運びとなりました。

昔から古代の人々を想像しますと毛皮を着た蛮族を想像しておりました。

しかし、この読み取り作業に入りますと、ワカヒメが生きておられた、日本の古代を見るにつけ、そこには豊かな文化が存在し、豊かな人の道が存在しておりました。

そこには人が人として生きる素晴らしい術や、食文化が存在し、漢字が渡来する以前の豊かな文明が見えてきたのです。

我々の祖先がどんなに豊かな感情を持ち、どんなに豊かな心情を持つ人々であったのかがわかりますと、日本人が知っておかなければならない和歌の力や、神代という時代の人々は、確かに神様であられたということを理解させて頂けましたことで、日本人としての誇りがふつふつと湧いてくるのを止めることができませんでした。

このような素敵な経験を与えてくださった、全てに感謝すると共に少しでもこの感動を皆様と共有できればうれしく思います。

作者である早川須美子さんとはホツマツタヱの集いで出会い、当初から興味を持たれていた、ワカヒメという人物像に迫ってみようということになり、お手伝いすることとなりました。須美子さんは「ホツマツタヱ」に造詣が深いこともあり今回は「ホツマツタヱ」の伝承に添って読み取りを行うことといたしました。「記紀」を勉強されている方はとても容認できないような内容かもしれません。今回は「ホツマツタヱ」の物語としてご了承ください。

自分でも本当なのかと疑いたくなった事柄も盛り込まれておりますが、なるべく改ざんせずにお伝えできればと考えております。

日本には本当に数多くの神社が点在しています。あなたの傍の神社にはどんな神様が祀られているのでしょうか？　初詣に行くとき、あなたはどちらの神社に詣でますか？　私たち日本人の神に対する概念は時代と共に変わっていく部分と、不変の部分があると思うのです。その中には大変親しみ深い私たちの祖霊（神様）に対しての感謝や、報告、願望を込めての神社詣があると感じています。

その、祖霊（神様）の御一人である、ワカヒメ様のことを最初に知ったのは、和歌浦にある、玉津島神社に伺ったときのことです。


由来略記には「社伝によれば神代以前の創立にして天照大神の御妹稚日女尊を祀り、後、此の大神をいたく尊崇せる神功皇后を合わせ祀り、その後、光孝天皇の御悩を平癒せしめられし衣通姫を御勅命により合祀せらる」とあります。

長野県の井戸尻古墳の学芸員の方から伺ったお話では「その当時を調べてみますと、縄文の頃、日本列島は海の水位が上がり陸地は今の三分の一であった、縄文後期から徐々に水が引き、海岸の傍に移り住むようになった」とのことで、今の地理や大地の様子が、その当時、現在とは大変に違いがあったということもふまえて、ワカヒメという女性、和歌浦の由来書に大神と書かれる、この方に迫ろうとしたものです。
まず私はこのワカヒメ様という方の物語をつむいでもよいものかお伺いをたてました。

　ワカヒメと言われるとてつもなく重要なその人物の存在は、いにしえの時代に確かに存在した。各地に残された足跡を確認することができるであろう。ワカヒメを世に出すまでもなく、語られた伝承は伝わっている。時代ごとに残された古文書では、編纂した者の意図というものが反映された結果、真実が伝わることはない。

これはどなたのお言葉でしょうか？　大きな目で見たお言葉のようにも感じます。
これから書きます読み取りは、研究者の考察ではなく、あくまでも神代のことに興味を持った一般人として抱く疑問や質問をぶつけてみて、その解答を得ようと思った次第です。この読み取りでは、色々なお方がご丁寧に答えてくださいました。そのお答えをこのまま二人のものとすることはあまりにも失礼であろうと思うことから、あえて公表することといたしました。

そのように打ち合わせが決まったその晩、とてつもなく私の左首が痛くなりました。なんと、監視役が付いたのです。私も覚悟を持ってこの文章を監修せねばなりません。

現代の人々は裕福で、暖かく暮らし、食べ物も困らない世の中ですが、節操がなく世の乱れ著しく感じます。その言葉は何を話しているのかもわからず。何のための教育かもわからない。豊かすぎる弊害が多いとも感じます。では物がなければ幸せかと問われれば物欲なるものが、この国の経済を支えているのも事実です。さらに国際社会の一員となってはいるが、自分の国の立ち位置もしっかりしていない。憶病でもあり自意識過剰でもあり、病んでいるということも感じられる。今回の読み取りから、神代の人々は危ういことがあっても一致団結してこの国のためを思い解決していったのではなかろうか、今のこの国を救うためには古代の人々のその手法が必要なのではないか、との思いを抱きました。
私は畏れ多くも、ウエのお言葉を頂くという作業を与えられましたが。そのお役目は大変難しく、畏れ多いことであるが故にこの監視役が付いたのだと理解いたしました。ワカヒメ＝シタテルヒメをしっかりと世に理解をして頂かなければいけない。私は肝に銘じてこのお役目を務めることにいたします。

私が読み取りの許可を頂きましたのは、平成二十五年十一月のこと、明け方寝ているときにやって来ました。メモを取ったつもりが紙に書かれたその文字はミミズののたくり、何が書いてあるかわかりませんでした。前の晩「できますればパソコンの前に座れば指が勝手に動きますように」とお願いをしたことを思い出し、パソコンの前に座りました。すると指が勝手に動き、次のお歌が参りました。

うたごろも　ゆうすいよりの　のぞみなり
うまくつたえて　よきとしとせよ

こころねの　やさしき女とぞ　おもうゆえ
すべてつたえて　ウにかえりなん
わかのきを　おりてたもうは　しきしまのなんぎのときと　おもうゆえ
おちからかさん。
おおんかみ　おゆるしたもう　みくさごと　こころしかかり　よのはらい
しかとおたのみ　まいらせる

五・七調のこのお歌に何か懐かしさと責任感が芽生えたのは、我々二人だけではないはずです。

「ワカヒメ物語」にあります、ヒルコヒメ＝ワカヒメという人物が遠い昔におられたとしましょう。

この御姫様はヒルコヒメ＝ワカヒメ＝ニウツヒメ＝シタテルヒメと私の知って

いるだけで一生に四つのお名前を持っておいでのようです。

古代では名前というものはとても貴重なもので、その人の功績によって与えられたようなのです。名はとても大切にされました。この名前を追うだけでも何かを教えて頂けそうです。

永い悠久の時を経て、はたしてこのワカヒメ様が人としてどんな思いで一生を過ごされ、どのような人物であったかを、この物語を通して世に出す一端を担えましたことは生涯の喜びでございます。


須美子さんからは「ワカヒメ物語」の土台となる山ほどの質問がまいりました。彼女の頭の中にはもうすでに突き動かされる何かが存在し、後はポンと肩を押してほしいだけだったようです。

私の人生の課題の中の一つに、「アワ歌」があります。それゆえに「ホツマツタヱ」や「ミカサフミ」、「モトアケ＝フトマニ」と関わることになりましたが、まだまだ触った程度です。しかしこの面白そうなワカヒメの読み取りの依頼を頂き、六か月間、ワカヒメ様の世界に魅了されて参りました。

ワカヒメ様を知りますとまず、和歌という日本独特の文化がこの当時から存在し、その和歌を伝えるための文字があり、哲学があり、音があり、言葉を学ぶためのアワ歌がありました。当時言葉は社会の起源であったのです。情報の感知には言葉は欠くことのできないものであったと思われます。

読み取りの許可をウエの世界から頂いてから朝は四時に起こされます、初めは須美子さんの質問に対しての回答だったのです。そのうち和歌がたて続けに降りるようになりました。須美子さんのやる気を感じられたのでしょうか、こんなお歌も参りました。

わがいおは　しおのかよいじ　おさまらで
いくよつきせぬ　うたのみちかな

和歌の素養のない私には何を言われているかもわからず、ただパソコンの前に座り、「こんなの、来ました」とメールで須美子さんに配信します。「へ〜〜すごい。そうなんだ」と言われましても私にはわかりませんでした。そのうち何故に彼女がこのワカヒメ様を題材にしたいのかが、やっと理解でき、この人物の特殊性がわかってくると朝の一方的な、ウエから通信にも、少しずつ私からも質問させて頂くゆとりも出て参りました。

◉これは私が興味のある所のアワ歌について伺ってみた回答です。

これは、トヨケ様のコモリ唄でした。あわの歌は宇宙音階だったのです。普通の人の耳に聞こえるように歌ったイザナギ様とイザナミ様に敬意の念さえ浮かびます。やはりただのお人では無く選ばれたお方でありました。其々の言葉に神宿り、天地自然のこの響き（波動）をこの国の言葉の基本といたしました。多分高周波の解る、何かの機械に掛け調べるとビックリするような合わせ歌にもなっています。最初は歌では無く祝詞の様に口の中でつぶやくものでしたこれをすると、脳の中心部が震えます。決して外に響かせるのではなく身体の中に響かせるのです。

め（女）のくには　みなしよなしの　くになれば
なおうたいませ　いもせよとする

「はい？」私にはよくわかりませんでした。

というような具合なのです。


◉十二月二日に須美子さんがワカヒメ様のことをたずねられたときの、ワカヒメ様のお答え。


母のお腹は外界がすけて見えていました。

この人が私のお父さんだ、随分昔から私はこの人を知っている、私の母は天女様（宇宙人）羽衣を身にまとうけれど子供を産むときは木の精霊と同化する、私は木のマタから生まれた子供。

人としての命を頂く為にイザナミ様のお腹を借りた。生まれてすぐに耳が聞こえた。眼も見えた。母の乳の匂いもかげた。しかし、人の心が解った故イザナミ様を手こずらせた。

トヨケ様もこの女の子をどう育てたらよいかはわからなかった。なんせ動物の様に遠くの音が聞こえ、動物の様に遠くの物が見え、幼児期の行動はまるで動物の不思議をすべて持っている子供であった。この子は動物と話が出来るのではないかと姥たちが囁くほどであった。妙な噂が立たぬよう、トヨケ様に伺った。トヨケ様も初めてみるこの不思議な生き物を女の子の体は取っているが神なのか人なのか解らぬこの子を測りかねた。太占で占っている時この子がカナサキを自ら選んだ。まるで自分の運命を予知している様に。三つになられた時には、かなりの分別があり違う場所に行く事を当たり前のように受け入れた。「自由になる」その事がよほどうれしかったのだろう。

くくりぶね、やすきがうたを　まなばんと
すみのえによる　しずやしずとて

また歌が来ました。

というように二人のメール交換は続きました。

次々と私たちの質問に答えて頂けますが、どうももう一つ実地でどのようなことを摑めるのか、やはり現地取材をしてみましょうということになり、和歌浦の玉津島神社にお邪魔しました。今はもう海岸線も船着き場も変わってしまったようですが、次のお歌が参りました。

いわいうた　わかうらみれば　かなさきが
　ふなべりたたき　うたぞよみける

わかのうら　つきせぬおもい　たれぞしる
　よよのんてんの　つきぞこいしき

わかのうら　かたがきうちて　うたよめば
　おいもわかきも　たまつやしろに

この和歌浦で色々なことがあり、また色々お考えになられたのでしょう。この日の和歌浦の玉津島神社は太陽に丸く虹がかかりました。一緒に同行していた人々もあまり見たことのないはっきりした二重の虹です。消えるまで見入っていました。

にちりんを　アマテルカミと　したわれて
　われみおやには　なにをのぞむや

「アマテラス様は日輪から来られたお方としてゆるぎない場所におられる。私の立ち位置は、この日輪を囲む虹でよろしいのでしょうか？　どうせ消えてしまう虹であっても、こんなふうに喜んでもらえる虹もあるのですよ」ということなのでしょうか？

日本一社 玉津島神社

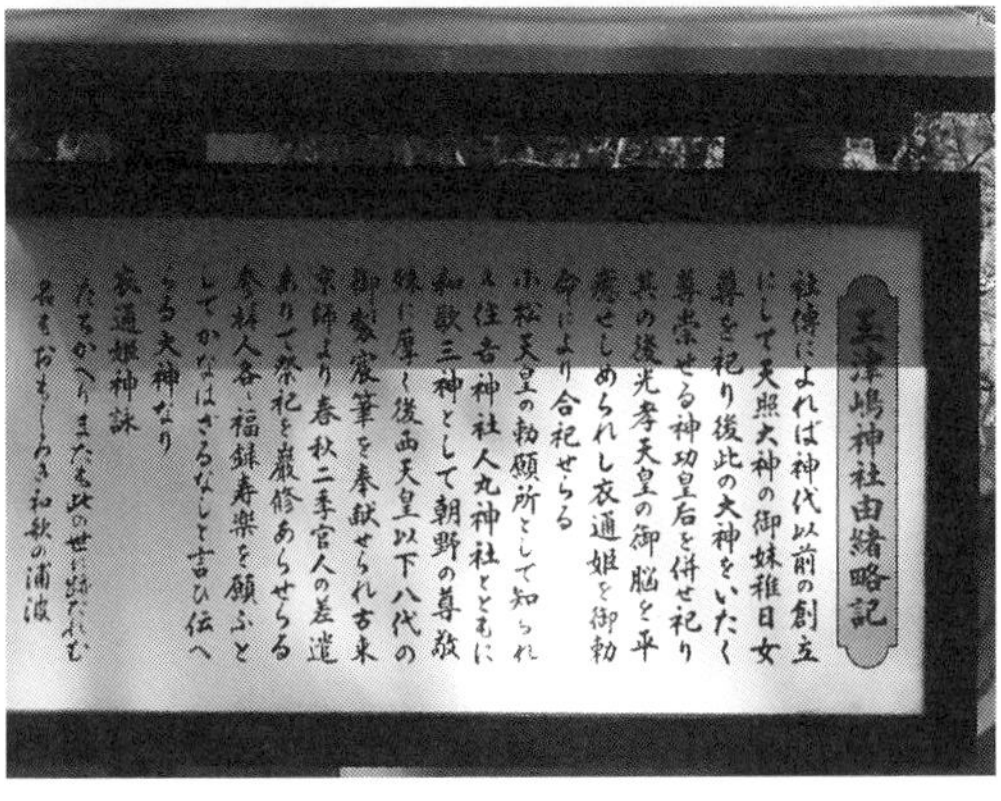
玉津嶋神社由緒略記
社傳によれば神代以前の創立
にして天照大神の御妹稚日女
尊を祀り後此の大神をいたく
尊崇せる神功皇后を併せ祀り
其の後光孝天皇の御悩を平
癒せしめられし衣通姫を御勅
命により合祀せらる
小松天皇の勅願所として知られ
又住吉神社人丸神社とともに
和歌三神として朝野の尊敬
殊に厚く後西天皇以下八代の
御製宸筆を奉献せられ古来
京師より春秋二季官人の差遣
ありて祭祀を厳修あらせらる
参拝人各々福禄寿楽を願ふと
してかなはさるなしと言ひ伝へ
らる大神なり
衣通姫神詠
たちかへりまたも此の世に跡たれむ
名もおもしろき和歌の浦波

ワカヒメの過ごした和歌浦の玉津島神社

さすがに六か月のお付き合いの中盤に来たお歌は、私でもわかる和歌にして頂けましたので、なんとなく心が伝わりました。

玉津島神社の裏山に登りますと視界が広がり美しい波がしらを見ることができます。

「ワカヒメ物語」の5「ワカヒメの恋」に書かれております、アチヒコ様にお渡しする桜の枝の一説が、本当にかの地であったことのように思われ、ワカヒメ様の熱き恋心がメ（女）の心を揺さぶります。

後日の読み取りでは、

◉オモイカネ様とはどんな方だったのでしょう？

オモイカネ様はアチヒコと言われておられました。

歳はワカヒメ様より上でアマテル様よりも上でした。大変に頭が良くトヨケ様の教育を受けておりました。トヨケ様は日嗣の御子がお生まれになる前から、日嗣の御子の精鋭隊を教育されておられました。

その中でアチヒコは生来の頭の良さと判断力の卓越した子供であったのです。アチヒコはトヨケ様を父ともしたい、師と仰ぎ臣としての教育もしっかりされておりました。トヨケ様に忠誠を誓っておりました。アチヒコの家柄は大変古くトヨケ様の御爺さんの代からタカミムスビ家に功のあった家臣でありました。

アチヒコは幼い時よりトヨケ様の身の回りの世話をする役目を任されていましたので其の機転の良さ、判断能力の素晴らしさはトヨケ様の信頼に足る人物に育っておりました。

頭がよい人と言うものは身の回りも清楚な人であるだけではなく、立ち居振る舞いに無駄が無く、知識を得る事には貪欲ですが謙虚な態度が光っておりました。

トヨケ様のお側でお仕えしておりますので、トヨケさまのお心を察知することは訓練されておりました。

いつも慌てずに賢い判断が出来たアチヒコですがワカヒメからの恋の歌は

丹生都比売神社

思いもよらない事でしたので、「おもいかねる」という事からオモイカネとお名前が付いたのです。
この恋もカナサキがトヨケ様の命令により目合わせた経緯もあり。何が何でも断れない状況に置かれました。

そのときの恋の歌であるまわり歌は、「ワカヒメ物語」にも書かれています、

◉またこちらは、どなたの御料地でしたか？ またどうやってこちらまでいらしたのですか？

という問いには

カナサキの領地でした、カナサキは海運王でもあり、様々な船を持っていました。
海は私も大好きです。天候を見るにも船の安全を見るにもこの高台は絶好の地でした。

和歌山の高野山の下に神野野《このの》という所があり何日か、こちらの宿にとう留したことがありました。そのときそちらの社長さんが丹生都姫神社に連れて行ってくださいました。「ニウツヒメ様、ニウツヒメ様」とお声を掛けた瞬間に不服そうに

——シタテルじゃ

と、お声がかかりビックリしてこちらの主祭神を確かめました。

確かにこの地は和歌浦のワカヒメ様を召喚されワカヒメ様の御料地でありました。シタテルヒメ様が御名乗りになられるのも当然だったのです。そのとき私は、高野山一帯を含み神功皇后が御託宣を受けた神様が丹生の神様なのかなあと、漠然と考えていたときでしたからシタテル大姫の称号をお持ちの御方としてはお怒りも当然のことでした。そこでまずニウ＝丹生＝水銀ということを確認し、なぜニウの神となられたのかを探ってみました。

ニウの神とは製錬と水銀を扱える者たちを束ねる首長です。当時のトヨケ様はこの技術を持っておられました。一大技術集団がこの日本には存在したのです。特に和歌山のこの地は水銀の埋蔵量も豊富でした。今でも水銀の毒性が強く飲めない水が流れているほどです。ワカヒメはアマテラス様から熊野で暮らすことになったイザナミ・イザナギの老後の暮らしのためと扶養のためにこのお役目を担われ丹生の一団を束ねられたのです。

丹生にはこのようなお話があったのですね。

◉丹生酒殿神社という所に詣でますと、シタテルヒメ様から

私が水銀を取り出す技術をこの地のものに教えた。

酒造りの技術は欠かせない物であった。

―――

お酒もまた、良い水とお米があってできるものです。古い井戸が祀られていました。この井戸の傍にある榊の群生は、なんとも気持ちのいい気の場を作っています。

和歌山から飛んで滋賀県野洲に入りました。多賀大社からも離れていない、この野洲には御神《みかみ》神社という神社があります。もしかしたらオモイカネ様と、シタテルヒメがこちらでお暮らしになられたのではという情報を得て京都から伺ってみました。

御神体は近江富士といわれる三上山です。

こちらのご祭神は鍛冶の神です。日本第二の忌火の神とされており、三上山のふもとの大岩山から二十四個の銅鐸が発見され、古くから祭祀が行われていたと考えられています。

シタテルヒメ様から

――此方の場所では私は生活しておりません。私は琵琶湖の西海で子供達と生活いたしておりました、ただ一か月に数度、たたらの技術を伝えにまいりました。
　オモイカネ様は仕事でこちらにもいらしていたようです。またこの場所は平たい肥えた土地でしたので農耕には適しました。木材も、わらも、たたらの技術で必要な物の調達はこちらの方が適していました。

確かにこちらには新嘗祭《にいなめさい》のときの御田が三上山を望むような形で広がっておりました。
御神神社は地元の方がしっかりお守りしている神社でした。

今回、昔のことを聞き取り、考察するにあたって推理小説を読み説いていくようなわくわくとした面白さを感じました。このとき必要なものはテープレコーダー、メモ帳、地図、方位磁石、あるときには真っ暗な洞窟を覗くための軍手や、感度の良い懐中電灯、レインコート、写真機、もちろん乾電池も。さらに持っていけば何かの役に立ちそうなチョコレートや小銭、そんなものをリュックに詰めて担いでみて、その重さにびっくり。

どんなに重い荷物を持っていても、不思議と重要な場所に伺うと足が軽くなります。取材旅行で丹波の比沼麻奈為《ひぬまない》神社に伺ったときなどは本当に足が軽くなり、社殿に上げて頂いて、正座の格好でも足が極端にはしびれることもありませんでした。

野洲から京都を通り越して丹波の天橋立にトヨケ様をたずねました。

宿は須美子さんが以前から懇意にしているホテル北野屋さんです。玄関ホールには段飾りのひな人形が美しく飾られています。そこここに女将の女性らしい気づかいが感じられる上品なお宿で、部屋に入るとあの天橋立が一望できます。あいにくの雨模様のため部屋付きの泡風呂には入れませんでしたが、貸し切りのお風呂に入らせて頂きました。桜の古木が目の前にあり桜の季節の景観の美しさが想像できる素敵な半露天風呂でした。お食事もカニ尽くしという豪華さです。

お食事の合間に女将さんがそっと来られて明日の天気を気にされましたが、

「大丈夫ですよ、こちらの神様がお迎えくだされば晴れますでしょう」と申し上げました。こちらの女将さんが大層詳しい方で、私たちがトヨケさんの神社に詣でたいと申し上げると「まだ雪があるかもしれませんので神社に詳しい方をご紹介いたします」と言ってくださり、女将の運転で神社に伺うこととなりました。

ご紹介してくださったのは、大浦さんという笛の奏者でした。大浦さんも大変に郷土愛の強い方で、全国に多くのお知り合いがいらっしゃいます。その日は比《ひ》沼《ぬ》麻《ま》奈《な》為《い》神社に音を御奉納の日だそうで、それに同行させて頂くことにいたしました。

ありがたいことに天気は晴れてきました。神社の下で準備をしていると、こちらの神職さんが御宮から降りてこられました。その御姿に私たち東京組の二人は大喜びです。まるでトヨケ様が御姿を現されたようだったのです。白髪交じりの髪を頭の後ろの高い所で束ねられ白い装束でニコニコと私たちを迎えてくださいました。なんとこの方は、仙台からトヨケ様の研究にいらして婿養子になられたとか。ご縁を感じます。

さて鳥居の外側で写真を一枚写しましたが、しっかり取れました。御挨拶をして鳥居を一歩くぐり御神域に入りますとシャッターがおりなくなりました。主祭神であるトヨケ様の存在を強く感じる瞬間です。

山の上の社殿に上がり、大浦さんの祝詞奏上です。祝詞のお声も立派なものでしたが、次に奏上された石笛、根竹環とことごとく気持ちよく吹かれました。初めの音の苦曇りは浮世の草草を掃き清める時間であったのでしょうか。次の祝詞からは主祭神から心地のよい風を頂きました、その風は透明なのにもかかわらず山の新緑の最初の芽吹きを体感させられるような清々しさです。

その風に誘われるように、是非この方の音の響きを最高の形で主祭神にお届け申し上げたいと思いますと、自然と体が深く深く倒れ、右手が顔の前に移動し、次に左手が移動しました。見るとそこに正三角形の形が出来ました。

次にその真ん中に点が現れそこに息を吹き込むように促されて「ふー」と静かに息を吹き込みました。

音に息の強さが即して、大変に気持ちよいほどの息づかいとなりました。その息はまるで地面に吸い込まれていくような印象でした。

私の知る限りにおいてではありますが、指示されたとおりの御行を静やかにさせて頂くとありがたいことに空気がキラキラと輝きだします。大変に喜んでおられるのがわかりました。

「この度ワカヒメサマの御姿を世に出すこととなりますがお許し頂けますか？」

と申し上げると、

——調整は我らがします。貴女方は思う存分やりなさい。


なんとありがたいことでしょうか。

この奥にある磐座にたいへんひかれましたが。東京に帰る時間が迫っていましたため、丁寧に再度参りますことをお約束いたしまして、失礼させて頂きました。

私も読み取りのどこまでを世間に公開してよいものか迷うし、書いてもなかなかうまく伝わらない。うまくいくかしら？　と悩みながらも作業は進んでいきました。東京に帰ると俄然、須美子さんの筆が走り出し、また、難しい質問が来るようになりました。

しかし、一度トヨケ様に御挨拶ができているためか、私のほうの読み取りはとてもスムーズなものでした。

色々なお方に聞き取りをしてみましたが、トヨケ様が快く引き受けてくださったかいあって、他の皆様の聞き取りも大変好意的でした。

伊勢の外宮《げくう》概要には「豊受大御神はお米をはじめ衣食住の恵をお与えくださる産業の守護神です。いまから千五百年前に丹波国から天照大御神のお食事をつかさどる御饌都神としてお迎え申し上げました」とあります。御鎮座以来毎日アマテラスオオミカミに朝夕二度のお食事が絶えることなく続いています。あくまで内宮《ないくう》が伊勢神宮の中心であるということがわかります。

丹波国の比沼麻奈為《ひぬまない》神社はトヨケ様が籠られました磐座を御神体にしています。そちらから、伊勢へおむかえになったのですね？　トヨケ様はヒタカミの地から丹波を治めるためにアマテラスに頼まれて移動してきます。この地を大変立派な国になさり、今でも素晴らしい耕作地帯です。

アマテラスはトヨケ様をおしたいし、こちらのトヨケ様の御そばの地で籠られたようです（地元の方のお話ですと水晶の岩屋であったと伺いました）が、皇大御神の御神体（八咫鏡《やたのかがみ》）を倭姫《ヤマトヒメ》が豊鍬入姫《トヨスキイリビメ》命の後を継がれ御鎮まりになる場所を探し、二千年前に伊勢の地に祀られました。その五百年のちトヨケ様も迎えられたのです。

実際のトヨケ様に謹んで聞き取りをしてみました。

◉伊勢の内宮に残ります御柱のお祭りはトヨケ様に伝わる御柱に関係ありますか？

天の御柱である。あれはただの柱では無い事は神事を扱う者すべてが解っているはず。人は不思議を受け入れねばならない。我らを含む世界のみが真の世界に在らぬ事を受け入れねばならない。私が生きていた時代は皆の心が美しく、よこしまな気持ちを持つ者はいなかった。若者は皆向学心に富み、全てを解る事に誇りと喜びを感じていた。我が教えを聞きたいものはすべての機会を与えられた。

トホカミエヒタメのタの一族であるわれわれと、トの教えを持つトの一族は長年の交流があった。トの一族の長であるオモタル様よりの御指図もあり巫女であった我が娘（イサコ＝イザナミ）をこの国の国母にすることとした。タの一族は教育の一族と言っても過言ではない。

この国を守り育てる為には親王の存在が欠かせない。しかし考えを一にする者達も育てなければならない。婿となりこの国を導く土台をつくる為の力となる男を探した。

それがタカヒコ（後のイサナギ）だ。

根本理念

まず民は上下の隔たり無く学ぶ権利を持ち、穏やかに暮らす権利を持つ。

臣は人々を守る教えを身に付ける。上からの伝達を間違いなく民に流し、解らぬ民を指導する。自分の解る事、アマ神の教えを解りやすく民に伝える役目をもつ。

悪政をただす、大いなる上を尊敬する。意志の統一をめざす。

まず民ありき。美しき国、美しき言霊を操り、心根の優しい民の保護と育成にあたる。

幼いころより、学友として学ばせた。

当然理解力、思考力、寛大さの中に落ち着きを持つ人間が選ばれた。

多くの知識の中にそれぞれが勝っている物を人は持つ、その専門分野において腕を磨く事も学んでいった。学ぶ事は財産であり、それを使いこなすことは実力である。

この中でオモイカネは次の世代で私に変わる実力を発揮するものとして目を掛けた。

故にワカヒメの婿とした。


日嗣の御子であるアマテラスは世にこの方しかいないのである、この方の言われることは絶対であり、この方に間違いがあってはならない。この方の教育は特別であり私の傍で常に学ばれた。

アマテラスのお言葉は常に記録され、後世の人々がアマテラスをよく理解すべく記録は残された。また、アマテラスの重要なお役目として能力のある娘を后に選ばなければならなかった。また、多くの跡取りを持つことを約束させた。

私の出来る事はやりつくしたと思っている。

むろにいり　さいごのときを　むかうるに
すべてやりおえ　むねなでおろす

◉他のときに来たお言葉

ヒヒロ金と言うものも伝わっていた。ヒタカミの土地では宇宙との交信が出来る者がいた。

トヨケは一族の中ではかなりの技術をもっていた。トヨケはタカミムスビ家タの一族の長であった。

五・七の和歌は宇宙語に似ている、この音の並びこそ人の心を鎮めることが出来る。イサコ＝イザナミはトヨケの娘であり巫女である。実はイサコもヒルコと同じようにして生まれた子供であった。故にトヨケは手元に置きイサコの力を使いモトアケの謎に挑んだのである。トの一族の二神のオモタルとカシコネには跡取りがいなかった。

しかし、トの一族の衰退をみてタの一族が立つ時が来た。

クニトコタチのオオン神は八人それぞれの子供たちにこの地上で生きるための知恵と宝を渡した。

トヨケの所のタの一族には光り輝く一本の棒が渡された。これを、祀り大切にした。

トヨケは幼い時よりこの棒を神としてあがめる一族であった。

この棒に手を触れると答えがでる、しかしその答えに準ずる知識を必要とした。

トヨケは自分の学んだことを後の人々まで教育する使命感に燃えていた。

日嗣の御子の誕生をだれよりも望んだのはトヨケである。

イザナミとイザナギの結婚の時、他の一族にトの一族に伝わる二神の教えが伝授された。

一つはトの教えをこの世に導くための「アイフヘモヲスシ」である。これをアワの歌として世に伝承した。もう一つはヌボコ（刀＝鉾）である。

言葉の伝承こそ、この国を守る物であることはクニトコタチの八人の息子の「トホカミエヒタメ」の子孫たちが一番しなければならない、大事業であったのだ。

ヒルコが生まれた時イサコより天に血の濃い子供が生まれたことにトヨケは喜んだ。この子には徹底して教育をしなければならない。その任を和歌の達人で忠義心の強かったカナサキに任せた。この子はイサコや他の人間が相手を出来る者ではないとトヨケは思った。

その才能は人智の及ばないものであった。

女であることが惜しまれたが、それに匹敵するほどの男の皇子が必要であった。

わがせきと　おもいさいなん　ときあるも
　　わかきみこらに　たのみまいらす

自らも若き輝ける時は知識の取得や、無理もしたが、これ皆この国の礎を作る事に他ならない。
後を託す皇子たちもしっかり教育したので悔いはない。

こうして私たちの取材旅行は終わり、いよいよ本格的に「ワカヒメ物語」の作成に入りました。

「ワカヒメ物語」をお読みいただけると、ワカヒメ様のことはよくおわかり頂けると思います。私の聞き取りは内容がストレートです。読んでいくにつれわかっていく須美子さんの語りは、難しい所もあるかとは思いますが、どうぞじっくり彼女の文章を読んでみてください。

私もマーカーと付箋を持ちながら覚えておきたい文面にしるしを付けました。

さすが「アワの歌」普及会の会長です。アワ歌に対する造詣が深い。一気に読み上げて、もう一度チェックしてみると面白いです。

近頃私は或る集まりで日本人の中に眠る五・七・五・七・七の和歌を書いて頂

くことをしています。初めは戸惑った人たちも一首目はどうにか書き上げます。素直に自分の気持ちを書いていけばよいということに皆さん気がつきます。そこから五のグループ・七のグループを沢山書いてもらいます、更にこの中から一つずつ選んで和歌の最初の五・七を繋ぎます。すると不思議なことに簡単に和歌が誕生するのです。この和歌遊びをいたしますとなんと右脳が動き出すのを皆さん実感されるのです。皆さんも是非おためしください。

ワカヒメを語るにはこの和歌を外すことができません。皆さんの中にある日本人のＤＮＡが動き出すのを感じてください。

平成二十六年四月四日、和歌に対するワカヒメ様のこんな思いを頂きました。

◉ワカヒメ様の和歌の世界を教えて頂けますでしょうか?

たのしやな　おとのせかいと　からまりて
いかでおんぎょく　わおんとなさん

みるひとの　こころゆさぶる　はつろにて
　なににまどうか　ゆめのまたゆめ
なにをとう　こころのまどを　のぞくなり
　かたきこころの　しんをほぐさん

私は遠くにいる方を思うとその方の様子がよくわかるようになりました。ましてやその方の歌を見ればそれが手に取るようにわかります。

和歌は羽の生えた翼を持ちその歌人を自由に致します。心の解放の薬ともなるのです。

もちろん、逆もできるのです。さらに回り歌などは外すことのできない歌になります。

やよみてや　まつぞいこいし　なかんかな　おおなみくだく　ともぬかず

――きぬ

で上からの一句。

――ぬきずかぬ　もとくだくみな　おおなかかん　かなしいこいぞ　つまやてみよや

で下からの一句です。

次の朝また四時に上からの句五・七・五・七・七の初めの音「や・ま・な・お・と」を頭に据えたお歌がするすると参りました。

――やみよとて　みえぬすがたの　とりなれば
なにはばかるも　なしとおもえば
まつかぜに　ややもしうれう　ちよみぐさ

たれにかとわん　わがなこいしき
なをとえば　なかをとりもち　ゆくひとの
いまやさざれの　いしとなりせば
おおんかみ　いくよもかけて　とのおしえ
おときあそばす　すがたうるわし
としをへて　こえししじまの　なみやらで
いとしきひとを　まつぞこいしき

その後に下からの句五・七・五・七・七の初めの音「ぬ・も・お・か・つ」を頭に据えたお歌がするすると参りました。

——ぬばたまの　よやあけなんと　よいがらす

じせをとうやら　よをうれうやら
もくれんの　すがしおとこと　おもわれて
いもせをちぎり　とをまじわる

おそれてや　おおやしまなる　ふせうたを
ひがなうたわん　わがつとめにて

かんだから　ゆめまぼろしと　おもうなり
ゆめぞつきせぬ　よとなりぬれば

つまごいの　よやあけぬれば　しらたまの
あけのみそらに　つきやどるらん

このように並べて見ますと、対歌になっているのにもビックリです。

私はただパソコンに向かいキイを叩いているだけです。訳もわかりませんから、勝手に初めと最後はご自分をカラスと表現しているのだと思い込みました。本当にこんなお歌を降ろして頂いてよろしかったのでしょうか？　和歌など知らない私がわかるわけもなく、これって失望なさったときの歌ですよね？　とお聞きしてしまいました。

いいえ。違います。歌と言うものがいかに見えない物を表現するにふさわしいものであるかをお伝えしたかったのです。人の心の裏側が出にくいこの世でございます故、御くみ取り頂ける道具が和歌なのです。

今の世でもわかる形に吟じてみましたので、御くみ取り願えばよろしいのです。

私は幼い時より言霊の世界に身を置きました。故更に言葉と言うものが持つ魔力の様なものを身に付けることが出来ましたし、その使い道の多くあることもわかりました。今の世の様に楽しんで美しい心根を読み取るばかりが和歌ではございません。極意書と言う形で世に残しました物も、もうこの世には御座いません。

今では形ばかりの和歌が残るのみとなりました。

虫を追いました時の和歌は、虫が嫌がる波動を込めました事によりおこる現象でございます。

人にもこの「いやだ」と言う思いを深く刻む歌を送りつける事ができるのです。又、事実好きと言う歌も作ることが出来ます。人間の心とタマとシイを結び付けているタマの緒をゆさぶることも可能なのです。

夫にこの研究をさせて頂きたいと申し出ましたのは私です。それも政治とは離れた世界を希望いたしました。音の世界と、言霊の世界、は大変似ております。私もトヨケ様やオオン神のように、ひとつの体制を作り上げたかったのでございます。どうぞこの事も必ずお書きくださいますよう。


今の世の女流作家と言われる先生の所でこの歌のお話をしてまいりました。「そんなに簡単にできるわけがない、やはり人ではないですね。神様です」と言っておられました。その一言で気がついたのですが、自分たち一般の者ができな

いことをできる方は、尊敬の念を込めてカミと言われたのではあるまいか？　確かにかつて日本のこの大地にはカミと言われても納得できる大きな力を示した人智を超えた存在があったのではないでしょうか。

私たちは今多くの革新技術の中で暮らしています。古代の人々から見たらどんなによい生活かはしれません。しかし、私たちの精神がどれほどの安定を得られているというのでしょうか。何故過去の検証が必要であるか？

それは私たちの心のふるさとを感じ取り過去の記憶の中に人類が忘れてきた宝物をもう一度世に問う意味合いがあるのではないかと考えるからです。

私たちがワカヒメを世にお出しするに当たり、今のような物質文明のなかった古代の人々の暮らしの中に、その時代の人の持っていた「たおやかな」思いや「勇壮な」叡智に触れることができたこと、和歌の力の素晴らしさを世に問うことができることに心から感謝したいと思います。

ワカヒメ様は本当にこんな方であったのではなかろうか。いや、もっともっと複雑な環境で皇女様としてお暮らしになられたのではあるまいか？

しかし読み取りをすると考えられないようなしっかりしたお答えが参ります。自分というものをしっかりお持ちのお方であったことに唖然といたしました。

また、私に初めから最後まで和歌を沢山頂きまして、初めは意味もわからず、書き留めるばかりでした。最後に参りました。上から読んでも一句、下から読んでも一句のお歌は、意味もわからぬ私にも伝わる思いのあるお歌でした。

和歌浦に伺って以来、ワカヒメ様を探訪してまいりましたが、古代の女道をしっかりと私たちに示されたワカヒメ様の御姿がなんとなく脳裏に浮かびます。

我々、こころやさしきメ（女）が現世でどれほどにワカヒメ様の思いを語ることができ得るかわかりませんが、精一杯語り部として努めました。良き語りとなれますように、御力お貸し頂きたいと念じるばかりでございます。


去年の十月からこの四月までの六か月間、それぞれが自分の持ち分野を決めてやってきたことに満足をしております。

こんな機会をお与えいただきました早川須美子さんに感謝申し上げると共にヒ

カルランドの石井健資社長から「自由にやってください」という御言葉を頂き一気に緊張が解け、そのお言葉どおりに、いとも素直に書かせて頂きました。本当にありがとうございました。

おおやしま　ひととうことの　なかりせば
ちよにやちよに　ただこちぞふく

――ワカヒメ――

第3部

はじめてのワカヒメものがたり

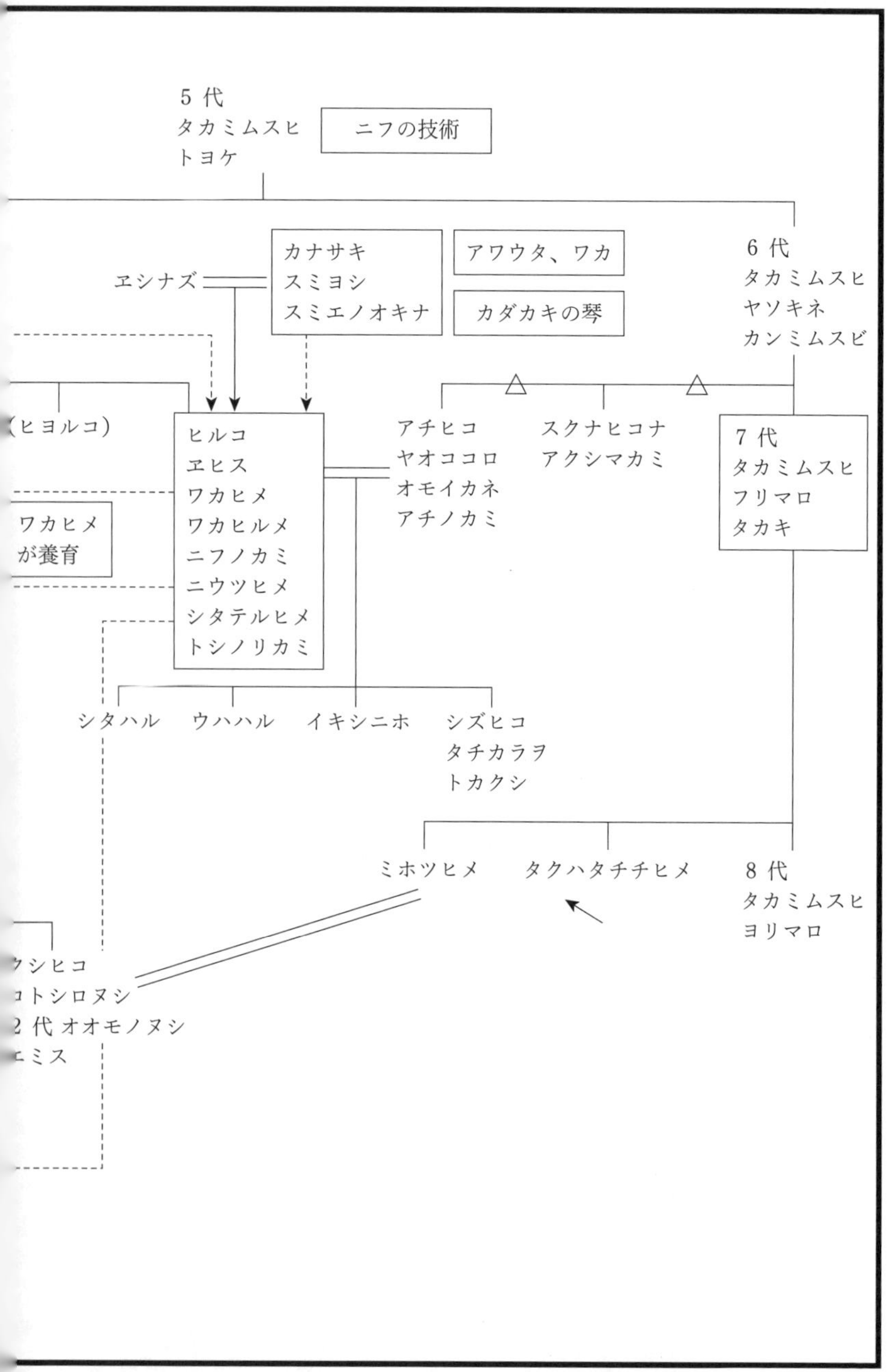
5 代
タカミムスヒ
トヨケ
ニフの技術
ヱシナズ
カナサキ
スミヨシ
スミヱノオキナ
アワウタ、ワカ
カダカキの琴
6 代
タカミムスヒ
ヤソキネ
カンミムスビ
ヒヨルコ)
ヒルコ
ヱヒス
ワカヒメ
ワカヒルメ
ニフノカミ
ニウツヒメ
シタテルヒメ
トシノリカミ
アチヒコ
ヤオココロ
オモイカネ
アチノカミ
スクナヒコナ
アクシマカミ
7 代
タカミムスヒ
フリマロ
タカキ
ワカヒメ
が養育
シタハル
ウハハル
イキシニホ
シズヒコ
タチカラヲ
トカクシ
ミホツヒメ
タクハタチチヒメ
8 代
タカミムスヒ
ヨリマロ
シヒコ
トシロヌシ
代 オオモノヌシ
ミス

ヒルコ（ワカヒメ）系図

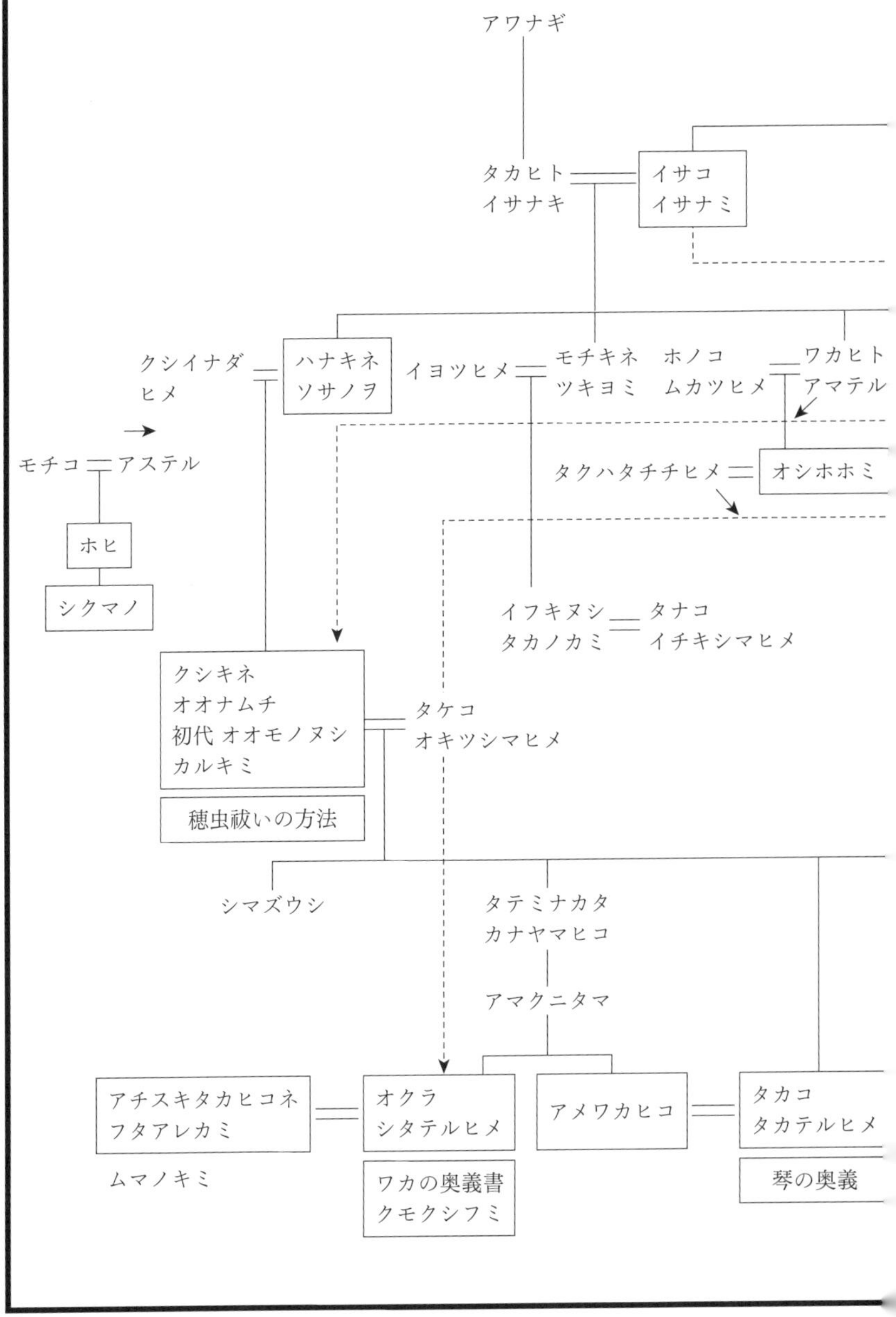
アワナギ
タカヒト
イサナキ
イサコ
イサナミ
クシイナダ
ヒメ
ハナキネ
ソサノヲ
イヨツヒメ
モチキネ
ツキヨミ
ホノコ
ムカツヒメ
ワカヒト
アマテル
モチコ
アステル
ホヒ
シクマノ
タクハタチチヒメ
オシホホミ
イフキヌシ
タカノカミ
タナコ
イチキシマヒメ
クシキネ
オオナムチ
初代 オオモノヌシ
カルキミ
穂虫祓いの方法
タケコ
オキツシマヒメ
シマズウシ
タテミナカタ
カナヤマヒコ
アマクニタマ
アチスキタカヒコネ
フタアレカミ
ムマノキミ
オクラ
シタテルヒメ
ワカの奥義書
クモクシフミ
アメワカヒコ
タカコ
タカテルヒメ
琴の奥義

ワカヒメ年表（年齢、順序は推定による）

イサナキ年齢	イサナミ年齢	ワカヒメ年齢	ご行跡	関連事項	関連伝承	関連地域	関連神社
40	31	1	イサナキ(40歳)、イサナミ(31歳)、ツクハイサミヤにてヒヒメ（一姫）を産む。昼に産まれたのでヒルコヒメと名付けられた。				イサミヤ筑波神社
41	32	2	イサナキ（42歳)、イサナミ（33歳)のアメノフシのヲエを受けぬよう、ミトセ（3年）イツクシ（慈し、意尽くし）タラザレド（足らないけれど)、イワクス船に乗せて捨てられる。カナサキが拾い（廣田)、西殿にて妻エシナズの乳を与えて、育てる。	ヒヨルコ、無事に産まれず。	蛭子（ヒルコ)、水蛭子	西宮	廣田神社
42	33	3	カナサキ、アワウタを常に教える。髪置の祝いをおこなう。				西宮神社
43	34	4					
44	35	5	被衣（カズキ）の儀式をおこなう。				
45	36	6					
46	37	7					
47	38	8	ワカヒメはイサナキにとって、エヒス（兄姫子、長姉）であることをつつしみて西にサムラフのヒルコ宮（西宮神社）で成長する。	アマテル生まれる。	夷　三郎殿		
48	39	9					
49	40	10		ツキヨミ生まれる。			
50	41	11	イサナキ、イサナミ　キシイクニにタチハナを植えて、トコヨサトとする。				
51	42	12	ヲエクマの時期が過ぎたので、アマテルの妹のワカヒルメ(若昼姫)としてイサナキ、イサナミの元に戻る。	ソサノヲ、ソサクニにて生まれる。		和歌山熊野	熊野大社
52	43	13					
53	44	14	ワカヒメ、弟のソサノヲを慈しみ育てる。				
54	45	15					
55	46	16	ワカヒメ、タマキネ（五代トヨケ）からニゴコロをウツス器（水銀メッキ）製作の技術を学び、アワウタをソメフタ（染め札）に書き、さらに金紋にし、人々を教え導いたので、ニフのカミ（丹生神）のヲシデを賜る。またニウツヒメ（丹生都姫）とも呼ばれた。			紀北紀ノ川流域	丹生都姫神社
56	47	17					

57	48	18		ソサノヲ、世のクマをなす。			
58	49	19					
59	50	20		イサナミ、神上がり。		有馬	
60		21	ソサノヲ、ネノクニ・サホコクニを治めるようイサナキより命じられるが、姉ワカヒメとクマノに居る。			和歌山熊野	熊野大社
61		22					
62		23					
63		24		トヨケ、神上がり。			
64		25					
65		26	イサワミヤにおいでになる時、キシイの稲田がホムシに侵される。アマテルの正妃ヒノマエムカツヒメ（日前向津姫）と、キシイのクニにてホムシ祓いのワカの祓いを行う。稲田が元のように若返ったので、キシイの人々はワカヒメ（ヒルコヒメ）にタマツミヤ（玉津宮）を献上する。タマツミヤに勅使として来ていたアチヒコに、思い兼ねて求婚の回り歌をわたす。カナサキを仲人として、ワカヒメとアチヒコ（思兼命）は夫婦となる。	オシホミミ、生まれる。		和歌山北部紀ノ川河口	日前宮国懸宮玉津島宮
66		27		イサナキ、神上がり。（アワジノミヤ）		淡路島	伊佐奈岐神社
		28	ワカヒメとアチヒコ（思兼命）、アマテルの御子オシホミミを近江ヤスカワのミヤにて養育する。ネのクニとサホコのクニを兼ね治めることにより、シタテルヒメ（下照姫）と称えられる。			近江野洲	比利多神社
		29	ワカヒメ、ヤスカワのミヤにてイムナシズヒコ(タチカラヲ＝手力雄命)を産む。				
		30					
		31	ワカヒメ、ヤスカワのミヤにてイキシニホを産む。				
		32		アマノコヤネ、生まれる。			
		33					
		34	ワカヒメ、ヤスカワのミヤにてウハハルを産む。				
		35					
		36	ワカヒメ、ヤスカワのミヤにてシタハルを産む。	コクミの事件。			
		37					
		38					

		39		モチコ、ハヤコの事件。			
		40					
		41		ソサノヲ、乱行す。			
		42		ハナコ、ソサノヲのために事故死。			
		43	思兼命、子のタジカラヲとともにアマテルを岩室からお連れ申し上げる。	アマテルの岩室隠れ。			
		44					
		45	ソサノヲ、ネのクニのサスラとなる前に、ヤスカワミヤの姉ワカヒメを訪問し、「サゴコロは何」と問われる。	ソサノヲ、罪によりネにさすらう。ムカツヒメ、亡くなる。六ハタレの反乱おこる。(反乱は8年におよぶ。)			
		46					
		47					
		48					
		49		ソサノヲの八マタのヲロチ退治。			
		50	ソサノヲ、ヤスカワに行きて、ワカヒメに「誓いの男の子が生まれた」と伝えるが、「恥を知らぬ」と帰される。				
		51					
		52		イフキヌシとソサノヲは、シラビト、コクミを討ち治める。			
		53	ソサノヲ、「ヤクモタツ……」のうたを、姉ワカヒメに捧げる。ワカヒメ、琴のカナテ(曲)をソサノヲに授ける。				
		54		クシキネ(オオナムチ)生まれる。			
		55					
		56					
		57					
		58					
		59					
		60					
		61					
		62					
		63					
		64					
		65					
		66					
		67					

		68					
		69					
		70					
		71					
		72					
		73					
		74					
		75		クシキネ、オオモノヌシになり、タケコを妻として、クシヒコ、タカコを産む。			
		76					
		77					
		78					
		79					
		80					
		81					
		82	オオナムチ、ホムシ祓いの方法を、ワカヒメ（シタテルヒメ）に教えてもらい、穂が実る。故にワカヒメに娘タカコを奉り、さらにオクラヒメも捧げて仕えさせる。				
		83					
		84					
		85					
		86					
		87	ワカヒメは亡くなる前に、琴の奥義をタカコに授け、タカテルヒメ（高照姫）とし、ワカ（和歌）の奥義書のクモクシフミ（雲櫛文）を、オクラヒメに授け、名もシタテルヒメ（下照姫）とした。				
		88	ワカヒメは玉津島にお隠れになり、トシノリカミ（歳徳神）と称えられた。			和歌浦	玉津島宮

ワカヒメが愛した和歌浦

この物語の主な登場人物（当時は真名、称え名、などいくつも名前がありました）

＊系図参照

ワカヒメ（ヒルコヒメ、ワカヒルメ、下照姫、ニフノカミ歳徳神）
第七代アマカミ　イサナキ・イサナミの長女

トヨケカミ（第五代タカミムスビ　トヨウケ、アサヒカミ、タマキネ）
イサナミの父　第五代タカミムスビ　ヒタカミの地にてアマテルカミの教育を担当
ワカヒメの外祖父

イサナキ（第七代アマカミ　タカヒト）
ワカヒメの父

イサナミ（第七代アマカミ　イサコ）
ワカヒメの母

ワカヒコ（第八代アマカミ　アマテルカミ　ワカヒト）
ワカヒメの弟　後には兄ということになる

モチキネ（ツクヨミ）
　ワカヒメの弟　イサナキ・イサナミの次男
ハナキネ（ソサノヲ）
　ワカヒメの弟　イサナキ・イサナミの三男
オモイカネ（アチヒコ・アチのカミ）
　アマテルカミの左の臣　ワカヒメの夫となる
セオリツヒメ（ホノコ　ムカツヒメ）
　アマテルカミの臣サクラウチの長女　アマテルカミの正妃となる
タヂカラオ（オモイカネ）
　ワカヒメの長男
オシホミミ（第九代アマカミ）
　アマテルカミ・セオリツヒメホノコの長男　オモイカネとワカヒメが養育
カナサキ（スミヨシカミ）
　ワカヒメの養父　ナカクニ（関西）のクニカミの後に九州も治める
エシナヅ
　カナサキの妻
シラヤマ（ココリヒメ　菊理姫）

① 満月の旅立ち　イサ宮からニシトノへ
――三歳になる年に捨て子となって流される話

……シラヤマヒメなる菊理ひめの語り……

その晩、頭上には白く強い光の満月が、すべてのものを煌々と照らし出していました。

折からの春風もやみ、その残り香が静かにたゆたっているようなかぐわしい宵でした。

時がきておりました。

私は、鄭重に、ヒルコヒメさまを白いアマ布にくるみ、その上から暖かな麻を幾重にも巻きつけて、くり抜いた斎楠舟《イワクスフネ》の、ヒメを乗せるために誂えた小さなムロが、いっぱいになるほどに膨れたお体を、万感込めて両手に抱き、額をそっと寄せさせていただきました。

それから船のムロの中にヒメを抱きいれてお乗せし、静かに舟から離れました。

供に選ばれたカシラメや、葦船の漕ぎ手の水夫たちが居並ぶ前では、行く手が護られるよう、かつてヒタカミより伝わった、はなむけのウタ響きをしたくともゆるされませんでした。

「シラヤマヒメさま……」

月をじっと見詰めている振りをいたしておりましたが、ヒトミの端に、みるみる膨れてきたものが滴になって、ツーッとほほを落ちるのを見とがめられてしまいました。

共にイサナキさまより請われ、今日まで私とともにヒメさまの後見のためにイサ宮に留まっていたアカツチさまが小さな声で私を制しました。

そう、ヒルコヒメさまは、いつものように目に布をあてがわれていましたが、そんな布があろうとなかろうと、きっと、何でもしっかりと見えておいでなのでした。

まだ幼くてなにがわかろう、と誰もが思うておいでかもしれませんが、あのお方、トヨケカミ様のお孫であるこの姫君が、鳥や獣ばかりか、どんなに、人の心もことわりも理解し、すべてを見抜くお力の持ち主であることかは、しかと、このシラヤマは見届けているのでした。

これ以上、不安なお気持にさせてはならない、私はいそいで袖で顔を覆いました。

やがて、ヒメを乗せた船は、サワサワとかすかなオトをたてて、イサ川の岸を離れ、西へと下っていったのでした。

……ヒルコヒメ（ワカひめの実名）の回想……

私を乗せた小さな舟は、するすると滑り出して、岸から離れて行きました。

キラキラとやわらかな銀色の水紋で模様をつくりながら、ゆっくりと川を流れていきました。

本当に、不思議なほど明るい晩でした。

月からの光は、輪になって膨れたりさざめいたりしながら、チラチラとやさしいオトをたてて、まるで私に話しかけているように、船のあちこちにとどまりながら一緒に下っていくのでした。

ややもして、三つ石の、少し、水の流れがゆっくりになるところにさしかかったとき、ふと、いまは離れていこうとしている、生まれ育ったイサ宮の小高く造られた築山の月見社と、そこに独り佇む父のシルエットが目に入りました。

思いを父に定めると、どんどん遠ざかる父の顔も手で触れられるくらい近くに見えました。

ああ、また悲しいお顔をされていらっしゃる……『父君さま、イサナキさま……どうぞ、そのような悲しいお顔はもうなさらないでください。我に返られるときのあのおやさしい微笑みを、このヒルメの目に焼き付けていただきたいのに。お慕わしや、お達者でいらしてください』……そう心の中でつぶやいて、もの哀しい気持になりそうになると、流れに沿って続く葦のしげみのどこやらで、楽しげに、蛙や虫たち、かじかまでが、声をあげて、私を和ませてくれるのでした。

彼らの声は、響き合い、笑いあい、どこまでも続いていて、心地よく聞いていると川の水の音と一緒になり、いつしか私は眠くなり、やがて、みんなの声は夢の中で聞こえているのか舟の外で聞こえているのかわからなくなりました。

……そのうち、ひときわ、よい香りがして、ハッと目を凝らすと、とてもとても美しい、黒い輝くヒトミと長い髪の、おどろくほどおきれいな方が私をじっとご覧になっているのでした。

なぜか、懐かしい、お逢いしたことのあるという思いがあるのですが、誰かは思い出せないまま、ただただ見とれていましたら、その方はちょうどお月様がときどきなさるように、ご自分をフルフルと、細かく振動させながら、どんどんあたりを照らしはじめました。

『なにも、心配はいりません』……その振動の中から、声のような、胸の奥に直接響く何かが、そう伝えてきました。

『なにも心配はいりません。いつ、いかなるときにも見ています、あなたをずっと見ています』

その響きが、ちょうど、船からひろがっていくあの水紋のように、私の胸から、からだじゅうを駆け巡っていきました。

と同時に、身体の中に、あたたかいお湯のようなものがみるみるうちに満ちて、あふれてくるようなしあわせで、気がつくと、私の目をおおっていた布がぐしょぐしょになるほど、私の目からもあたたかい涙が、たくさん流れていたのです。「アー……」と、思わず声を出して、その方のほうへ手をあげようとしたときに、私は夢からさめたらしく、あたりは、また川の流れのオトと、かじかたちの競い鳴く声の月夜になっていました。

それでも、まだ、私の体はあたたかさに満たされていて、目からは熱い涙がほとばしり続けて、目に巻かれた布だけでなく、襟元までぐっしょりと濡れていたのでした。

どのくらい、そうやって流れていったでしょうか……やがて、満月の位置が、船からは見えなくなり、星々と空の境が見えなくなり、うっすらと明るくなりはじめるとかじかたちの声から、チチチ、チュンチュン、キキ……と、鳥たちの声に、種類の順に取って代わり、そのうち、カーカー、バサバサ、と、大きな鳥たちが空の上の方を餌を探しに飛んでいく音に変わっていきました。

生きとし生けるものたちが、朝になり、段々にめざめていくその気配に、私は、襟元の濡れている不快さも忘れて、深く息を吸い、うっとりとしていました。

やがて、起きだした供の者たちが、梁を越えて私の乗っているムロを覗き込みました。その後から、シラヤマさまのカシラメのサクナメがやってきて、私の髪を整えようと、目に巻いた布をはずしながら、その布が濡れていることに気づきました。

静かに眠っているのだとばかり思っていた私が、乳母や父母恋しさ、悲しさに泣いたのだとでも思ったのか、おもむろにむせびました。

そして、水に浸して絞った布で私の顔をきれいに拭い、着けていたアマヌノ、それに襟元の濡れていた麻も、乾いたものに取り替えてくれました。

葉の先から口に流しこまれた葛のトロ汁は、ほんのりと乳のようで、渇いた咽《のど》にすっと沁みていきました。

「ヒル子姫さま、おいたわしや。けれども、何もご心配はおよびませぬ。海にさえ出れば、あとはほどなくナカクニでございます。スミノエが見えて参りますれば、あのカナサキさまがいてくださいまする」
幾度も幾度もつぶやくように繰り返しているサクナメの声が、舟の中に満ちていきました。

海の響き

くくりぶね、やすきがうたを　まなばんと
すみのえによる　しずやしずとて

……シラヤマヒメ（菊理）語り……

こうして、ヒル子ヒメさまを乗せた斎楠舟《イワクスフネ》は川を下り海をめざしていかれたのでした。
遠い昔のクニトコタチさまの頃には、アメノウキフネが星をみながらどこへなりと出かけたのでしたが、いまこうして地上の水を行きますときも、水夫たちは苦もなく、数多生えている楠の中でも、特に丈の高い、幹がまっすぐでしっかりしたもので作られ、横に浮かべると巨大なクジラくらいはある斎楠舟も手足のように使いこなし、コ（キタノホシ・北極星）のホシを仰ぎながらいくのでした。

……ヒルコヒメの回想……


葦が続く眺めの中を、舟は進んで参りました。

陽が高いあいだは、その葦の根元に水鳥の姿やカエルたちを見つけるのが楽しみでした。

時折、舟のそばまで届くのではないかと思うほど、重みでたわわになって垂れた竹の根元を覗いて焦点を合わせると、白い斑点の可愛いうりぼうやイタチ、野ウサギ、などがちょろちょろと動いているのも見えました。

幾日も、砂州と葦の林の脇を通ることを繰り返して、葦たちが風に揺れてうたう歌、夜は、月の光と星から送られてくる様々な高低のオトの響きを楽しみました。

やがて川幅は広くなり、私たちを乗せた舟は、傷んだところを補修したり、洲に乗り上げて三回ほど、飲み水を補給したりしながら進んでいきました。

斎楠舟から、小さな帆のあるカモ舟に乗り換えて、やがて、とうとう海というものに出たようで、そこからは、それまでとはまるでちがういろいろな音に囲まれました。

波の音、風の音、潮の香り、遠くから響いてくるクジラたちの発する響き……それらはすべてはじめてのものでしたが、私の体をめぐる水分や血が、それに共鳴するかのように、ドクドクと、波打ちながら体を駆け巡り、味わったことのない感覚に身を置いておりました。

けれど、それらを心地よく感じているのは私だけのようで、ムロの中で私の横に侍っているサクナメは、悪気がくるのをこらえながら、どんよりとした表情で一点を見つめているのでした。

風が乗せてくる情報も、それまでの川とはまったく違うものになりました。

時折、運ばれてきていた、人や動物の香りがまったくなくなり、潮と海藻や魚たちの匂いに、ごく時折、鳥の羽の匂いが混ざったりしているだけとなりました。

そんな中、舟の上では、すっかり気がふさいだかのようにみうけられるサクナメが、繰り返し唱えていた言葉
「スミノエにさえ行けば、カナサキ様がいてくださります、お祖父様のトヨケカミ様が誰より信頼されるお方でございます」

カナサキ……カナサキ……カナサキ……

その名の響きからは、それまで、私のまわりにいた人のだれともまったく違うものがたちのぼってくるのでした。


イサミヤを離れてからどれくらい、いったことでしょう。出発のときには丸かった月がすっかり細くなり、見えなくなり、また、だんだんに現れて、膨れて丸みを帯びて……それがいまではまた半分ほどの大きさに減っていました。

その日は、朝から不思議な音が聞こえてきていました。

最初はかすかに、そして、時には高く、低く……。

ぴ――――っと、鳥のさえずりのようにも、口笛のようにも聞こえる、強く、弱

く、高く、低く……その響きに合わせるかのように、舟が導かれて、ザザザーと波に乗りながら浅瀬へ入り、水夫たちが、水底に深くさした竿に招かれるように、やがてスーッと岸辺に寄って行きました。

突然、クオーンと、何かを打ち鳴らす音が聞こえ、それは、波紋のようにどんどんと響きを広げて、あたりに伝わってきました。

その音がしてくるほうを探してみますと、それは、陸地が丸く迫ってくる一角の、大きな岩が並んでいるあたりからでした。

その一番高い岩の上に、一人の人影が見えました。

音は、その人の前に並んで揺れているものから発して、ひろがっているのでした。

それは、何かの樹の弦を編んだ紐にぶら下げた黒い石で、その石を、細長い棒を持って打ち鳴らしていたその人は、やがて、この船のほうに手を上げて、大きく円を描くように振りました。

そして、顔の前で両手を組んだかと思うと、ぴ——っと、あの、今朝から聞こえてきていた、音色が、その手の中からあふれ出してきたのです。

近くで聞いてみると、それはすさまじいほどの、耳の内が震えるような音量と響きでした。だんだんとその方の手の動きにつれて調節されて、舟を歓迎するかのように楽しげにはずんだ調子に変わっていきました。

まだぶつかり合ったまま鳴り止まずにいる石の音とかぶさって、どこまでも響いていき、まるで、私たちの到着を四方八方に知らせているようでした。


舟が、瀬の中でゆらゆら揺れていると、たったいままで、あの岩にいたはずのその人が、こちらへ向かって降りてきて、ザブザブと水の中を歩き、我らが舟に乗り込んできて、気がつけば、私のすぐ前に立っているのでした。

私をまじまじと見つめると、いきなり、赤いお鼻をいっそう赤くなるくらい自分の手でつまみあげて、片方の目を上に、もう片方を下げるかのように、顔中をひねっておかしな表情をしてみせられたので、私は思わず、きゃきゃっと笑い声をあげてしまいました。

すると、その方は伸ばした両手で「ほー、目隠しなど無用じゃの、なんでもよう見えておいでじゃ、結構、結構」

そう言いながら、私の目の布をとってしまわれました。

一瞬、身構えたサクナメを制して、その人はなおも、こっけいな顔をして、しまいには、さきほど音を出していた石と同じような、黒い、けれどもずっと小さい石を、今度は両手で打ち鳴らしたり、指を曲げてくわえて鳴らしたりして笑わせ続けたまま、私をがっしりした腕で抱き上げて、

「ようこそ、このスミヨシのカナサキのもとに、ヒルコヒメ様」そうおっしゃられて、続いて、伴のサクナメや船頭たちをねぎらわれました。

私は、抱かれて舟から降り、岩場から離れて上がったところに繋がれて待っていた馬の上に、左腕でかかえられたまま、その方の座られた前にすっぽりと収まりました。


ああ、馬でした！

イサミヤで、父君さまだけが乗ることをゆるされていた、この、美しくたくましい生き物。

気高くて、土に刻む柔らかな音を体中にまとったこの生き物を、いつも触れてみたくてならない思いで眺めてきましたのが、遂に私もこうしてその上に揺られているのでした。

ゆっくり歩く、馬の揺れを全身で味わい喜びに浸っているうちに、その定まった調子と、カナサキ様のがっしりした腕と身体の温かみに、きゅうに疲れがでたのか、体がぐにゃぐにゃとなり眠ってしまう私を、カナサキ様は、ときどき覗き込みながらいとおしそうに、くくっとわらっていらっしゃるのを感じながらも、どうしようもなくて、そのまんまどんどん意識がなくなっていきました……。

……シラヤマヒメ（菊理）語り……

ヒル子様は無事にナカクニから摂津ニシトノへと航海に成功され、はじめて、養父となる住吉のカナサキの家に迎えられたのでございます。

カナサキは、舟つくりと海運に秀で、トヨケカミ様、イサナキ様よりの信頼篤く、ナカクニ（いまの近畿地方）のクニカミとして一帯を治めておりました。

カナサキの先祖は、舟を創り出した、あのシマツヒコの一族。カナサキはその七代目の子孫にあたり、ヒル子様をご養育されることでますます重んじられ、イサナキ・イサナミ様の後には筑紫（いまの九州）も任され、国家の再建にも大変貢献されれました。

カナサキは、一度は、宮中では捨て子にしたヒルコヒメ様を、「拾った」ことにして育てると決まったときから、精魂込めて、新しい屋敷を建て始めました。そしてその名を、「ひろた」とつけられたのです。

ちょうど、それは摂津（西宮）のあたりでございました。

………ヒルコヒメの回想………

目を開けると、そこには見たこともない女御が、私の傍らに座って、節まわしのあるウタのようなものをくちずさんでいました。

私が目を開けたのを見て、ゆっくりとほほえんで、

「よう、やすみなされましたか？　お寒くはありませんか」というようなことを

言っているのだと思うのだけれど、何か言葉の調子がいままで聴いたことのない不思議な感じなので、黙っていると、髪に手を伸ばしてこられて、何度も私の頭を撫でながら、「よう来られた、ほんまによう来られた」と目を細められました。

そして、その目がうるんできて、「ほんに、ほんに……同じほどやして、まるで、あの子が帰ってきたようや」と涙を流しておられるのでした。

我に返られて、そのかたは、

「ヒルコヒメさま……、わたくしの名は、エシナズと申します。きのう、おむかえにあがりましたスミノエのカナサキのトノの妻でございます。今日から、ここは、あなたさまの家、カナサキのトノとわたくしは、なにをおいてもひめさまをおまもりさせていただきますゆえ、あんじょうなさって、これからは、カナサキのトノを父とも、私を母とも思われてたよりにしてくださりませ」と言って、体にかけられていた布ごと、私の体を抱き起こすと、膝に乗せてから、腕でくるみ、そのまま胸に抱き包んでくれたのでした。

お乳をくれていた乳母以外に、このようなことされたのは、生まれて初めてで、びっくりいたしましたが、と同時に、このエシナズという、小さいけれど、明るくやわらかく包んでくれる方の胸の暖かさに、いままでにないような安堵を覚えて、いつまでも抱かれていたいと思ったのでした。

エシナズ様に抱かれながら、落ち着いてはじめてあたりを見回すと、そこは不思議な、広々とした清潔な空間でした。まだ新しい床や柱のヒノキの匂いの中には、途中、海で嗅いだような香りも混ざっていて、その匂いのしてきている一角には、舟から水を見たときにたくさん一緒にくっついてきていた茶色の海藻や、見たこともない大きな貝が置かれてたりひろげられたりしているのでした。

「カナサキ様！」

一人が声をあげると、屋敷中の誰もが、それぞれの手を止めてそちらを向いて頭を下げました。

小柄だけれど、がっしりした男の方が、素早い動作で家の中に入ってこられましたが、私を馬に乗せていたときには、とても大きな方と感じられたので、御召し物も違っていて、その方が同じ方とはすぐには思われず、やや近くなられてお鼻が赤いのでようやくわかりました。

エシナズ様は、私を胸に抱いたままで、その方のほうに向きなおられて、座ったままで深々と頭を下げられましたので、私の頭に、エシナズさまのお顔がぺったりとくっつきました。エシナズ様からも、少し潮のような香りがするのを感じながらじっとしていると、今度は、ひきしまった強い腕と手が、私の両脇から差し込まれて、あっというまに持ち上げられてしまいました。

「エシナズ、気持ちはわかるが、このヒルコさまは、あの子ではなく、フタカミさまの大切な姫君であることを、わしらは、ことにそなたは、よくおぼえておかねば」

エシナズ様は、頭を下げられたままでうなずいておられました。

そのご様子が悲しそうで、肩が震えていらっしゃるようなのを見て、私は、思わず、カナサキ様の腕の中から、エシナズ様のかがんでいらっしゃるほうへ向かって両手を伸ばして、体をねじりました。

「……ほう……」

と、私とエシナズ様を見くらべたあと、カナサキ様は私を下して、エシナズ様にお預けになられました。


「ヒル子ヒメさま」

再び、エシナズ様の膝に抱かれた私の前にかがみこんで、カナサキ様が話しはじめました。

「はるばると、このニシトノのかようなところへ、おさなき方がいらっしゃらねばならなかったこと、カナサキも胸が痛むところでございます。

ようお越しくださられました。

あなたさまは、イサナキ、イサナミ様のただ一人の姫君、かけがえのないご存在でありますのに、この、お可愛い盛りで、手放されねばならなかったフタカミ様のおつらさも、ご理解なさってくださされませ。

父君のオオフシトシ（＊注：オトコは四十二歳）にあたりますれば、どのようなクマが、いまのままでは、やがて害をおよぼすかしれませんことを恐れ案じられた親心ゆえであることを、どうぞ、ご承知くださいますように。

定められた禊払いの期間がおわり、そのオエクマを川の水に流されました姫様に、やがてまた、フタカミ様の宮中にお戻りの時があることをお忘れなく、お心強くお過ごしくださいますよう。

それまで、この、カナサキを父とも、エシナズを、母とも、代わりと思召していかようにも頼りとして、御用立てくださいませ。

宮中にくらべましたなら、見るべくもない家ではありますが、この宮とて、そのために、あつらえました、広田の宮、ほかならぬ、貴き姫君をひろわせていただいた誉として、ここをそのように名づけさせていただいたのでございます。ここは、姫様のための屋敷とお心得ください」

『そうなのか、私は、また、あの父君と母君とのところに戻ることが許されているのか……』確かに、出発の前にも、そのようなことを話されたように思ったけれど、それは、私がおとなしくお二人の仰せに従うために、なぐさめのために言っているだけのことと思っていたので、カナサキの言葉を聞いて不思議な気がしたのでした。

父君を思うと思い浮かぶのは憂いをふくんだ凛々しいお顔立ち、と、空を見てため息を漏らされるときの悲しい瞳、それを見ておられる母君の悲しいような思いつめたお顔……私には、お二人を、私のいることでよろこばせることができなかった申し訳なさしかなく、このたびのニシトノに向かうことで、少しでもお二人が喜んでくださるのなら、と感じていたのでした。


その頃の私は、父君と母君のあいだに時折、何か心の隔たりのようなものが感じられるのは、クニトコタチ様から続いた大切なアマカミとしての世継ぎのオトコの御子を授からないことを気にかけられているせいとしか思っておりませんでしたから、わたくしさえ、オトコであったならと、オトメであることが悲しくもあり、残念でなりませんでした。

人々の言葉の端から、態度から、誰もがオトコの御子を待ち望んでいることは、まだ物心つかないと思って私の前で交わされる会話から痛いほど刺さるように身に感じておりました。

そんな私の心を、和らげるのは、庭にやってくる鳥たちや、蝶々、それから、私だけが入ることができた宮中の玉垣から出た脇に生えた楠の、太い根幹にあいた小さな入り口の洞に、そっと集まってきてくれる、ウサギやイタチ、トカゲや蛙、蟬にカゲロウ、コオロギ、たちだったのです。小さい友たちは、いつも私に楽しい話や挨拶をしてくれて、遠巻きにしか私のことを見ない、宮中の大人や子供たちよりも、ずっと親しい存在でした。

けれども、私が彼らと遊んでいるところを見た者のなかには、それを奇異に感じ、さすがに、いかにアメのオオフシトシの厄祓いの習いとはいえ、まだ幼女である自分の娘を捨て子にすることへの迷いや躊躇をお持ちの父君に、

「ヒル子様にはすでにあのように、もののけたちの隈が入り込んでおられるので、獣ばかりを引き寄せているのです」

「ヒル子様は、自由に獣を呼びつけて、何をしでかすかわかりません」

などと、進言する者もいたようなのでした。

それをどうこう思いましても、すべては詮のないこと。

父君さま、母君さまの厄をいただかぬようと、川の水にて祓いをするための、このたびのニシトノへの旅であったのでした。

そして、私は、ここの地で生きていかなくてはならないし、はじめて逢うた、カナサキもエシナズも、私はいっぺんに好きになることができたのでした。

夜が更けますと、エシナズが自分と私の夜具をもってきました。なんと、この屋敷では、エシナズは、夜も私のそばに添って眠るのでした。

イサミヤでは、父君も母君も遠く離れておやすみでしたから、私は、このことが嬉しくて嬉しくて、夜中に目覚めては、何度もエシナズの息や気配を確かめてホッとするのでした。

②カナサキのヲシエ
――アワ歌と和歌――モトアケ（ふとまに）のヒミツ

たのしやな　おとのせかいと　からまりて
いかでおんぎょく　わおんとなさん

……シラヤマヒメ（菊理）語り……

ニシトノのカナサキには、実は、舟つくり、舟乗りのカシラとして以外に、もうひとつの面がありました。
それは、ウタの名手としての一面であり、かたちなきものから、かたちあるものを生み出す、やまとくにに伝わることのはのことわりも、かつて航海の折に信頼を得て、トヨケカミから直々に学び、このたび、ヒルコ姫を拾うにあたり、そこを伝えられる才のあるところを買われ、白羽の矢が立ったのでした。

ですから、ヒメの養育にはそれはそれは力を入れられて、宮中での節句の行事をしっかりと守って行い、言葉だけでなく、体もタマもトトノエるウタとして、ヒルコヒメさまのご両親、イサナキ・イサナミがおつくりになってクニじゅうをウタって歩かれた、大切なアワウタを毎日教えられたのでした。

もとよりお持ちの資質をじゅうぶんに伸ばされたおかげで、ヒルコヒメさまの、ウタよみの力は著しく、やがてワカ姫と讃え名をいただかれるほどの方にお育てになられたのは、カナサキの功績でございました。

………ヒルコヒメの回想………

【ふしぎなウタ】

その翌日から、楽しく賑やかな日々がはじまりました。

新しい父、カナサキは、すこしのあいだもジッとはされず、絶えず動いたり、何かを考え付いたり、笑われたり、という方だったからか、屋敷内では誰もがキビキビとよくたちはたらき、時には、いさかいをしているのかと間違えるほど、大きな声で話したり笑ったりして、大変活気がありました。

毎朝、私のところに一番にやってこられては、

「おお！　ヒメ、また本日もうるわしい……」と、にこにこしながら、初めて会ったときのように、両手の指を組んで口で笛の音を奏でたり、面白い顔をしてみせたり、不思議なものを隠し持ってこられたり、私を必ず笑わせていかれるのでした。

この新しい父は、赤いお鼻をされ、いつも笑顔の、明るいお人柄でしたが、この方のお元気の素は、その、腹の底から出てくるはっきりとしたよく通るお声からくるもののようでした。

毎朝、とてもよい心地のする響きのウタを朗々と詠唱されておいででしたが、そのお声が屋敷の中を、まるですべての穢れを祓われるように整えていくので、屋敷の中は、いつも、新しいヒノキの香りと、そのウタの気で、清涼なすがすがしさに満ちているのでした。

そのような空気の中で、小さかった私の体も日に日に大きくなりました。

私の食べ物は、最初の頃は、まだすり餌のようなものでしたが、新鮮な海の幸、山の幸を、心を配って与えてくえださり、ことに私が四季を感じさせる野山のものを好むので、野草をいろいろに加えてくださいました。

そして、すぐに、私の三度目の誕生日となりますと、カナサキは、宮中に伝わる慣わしだとして、私に「髪置き」という、前髪をそろえて切りそろえる儀式を、それはそれは厳かにほどこされたのでした。

カナサキの父は、よほど嬉しかったのか、ご覧になりながら、ずっと涙を流しておいででした。


やがて、カナサキの父は、私にも、もう全部、聞いただけで覚えてしまっていたあのウタではありましたが、あらためて直々に毎朝手ほどきをくださるようになりました。

最初は、ただあとについて、

「あー」と、「あ」ではじまるそのウタを、しっかりと口をあけて声をだし、そのときに、顔のどこに力が入るかを注意しながら、正しく口を開いて、ずっと、あ――と、臍《へそ》の下から響かせていくやり方を教わりました。

口の開け方が小さかったり、背中がまっすぐに、柱を立てるようになっていないと何度も戒められるのですが、気がつくとぐにゃぐにゃと丸くなってしまうのを、続けているうちに、言われなくても常に背筋がピンと立つようになりました。

表が雪で真っ白の寒い朝も、体に熱がこもってのどが渇く日も、くる日も来る日も、「あー」「かー」「はー」「なー」「まー」と、全部でよそや（四十八）あるオトが真に正しく言えるようにとのカナサキの手ほどきは続きました。

或る早朝、咳込んで目が覚めた私を案じて、エシナズが、

「今朝はあわウタうたいはおひとりでなさってくださいませ」と、カナサキに頼みに行き、

「我らの目的は子育てではなく、皇女さまをお育て申すこと」と、戒められて戻ってきたということもありました。

「なまけることなく、このあわウタを正しくイキス（息）を用いて歌われること

で、身も心も真に丈夫に、強く、病知らずとならせていただける、咳が出るのも体内に入ろうとするオエクマや穢れが、ウタの効果で体外に出る証、なおのこと、精進してうたわれることです」

そういうカナサキの父は、まさに、病知らずで、いつも、生き生きとされ、五十の歳をとうに超えておられるはずが、若々しく、声も動作もはずむような力がみなぎっておられました。

私が一人で、「あ」から「わ」までのよそや（四十八）オトを、まちがえることなく、正しきオトで、しっかりとイキス（息）と共に体内にめぐらすことができるようになると、今度は、カナサキは、私にそのウタの意味について、少しずつ教えはじめました。

このよそや（四十八）の音をこのようにまとめられたのは、実は、私の父君であられる、イサナキ様と、母イサナミ様であったということも。

あかはなま

いきひにみうく
ふぬむえけ
へねめおこほの
……と、この、「あ」から「の」までが
アメから下るフソヨ（二十四）の柱
モトロソヨ
ヲテレセヱツル
スユンチリ
しヰタラサヤワ
という、「モ」の柱から「ワ」の柱までのフソヨ（二十四）の柱。
「ヒメさま。
天地自然は四十八（よそや）韻によって成り立ち、人も同様に四十八韻に基づいているのです。
それゆえ、この四十八のネコヱ（宇宙の中心から音韻）のミチに通じますならば、目には見えない、人を司りますところのヰクラ、そして、目に見えまする、人を司るところのムワタ（六臓）すべてのめぐりが整うのでございます」

＊注：イクラ（ココロハ・タマ・ミヤビ・シヰ・シム）

ムハタ（フクシ・ナカゴ・キモ・ヨコシ・ムラト・ワタ）

カナサキに教えられるまでもなく、この四十八韻を発すると発しないでは、自分自身も、周囲の空気や、はこびも、まるで異なるのを感じていました。

「あかはなま」と発すれば、
力がみなぎり、天に陽が昇るときの地上に降るあのヒカリが満ちてくるよう、山に若葉が萌えるときのようです。
「いきひにみうく」と発すれば
そこに風が起きて、その風は私たちのイキ（呼吸）と寄り添うようにして体を駆け巡り、その身に受けとり
「ふぬむえけ」と発すれば
そのもとなる恵をいのちの緒である臍の下からいずこにも配りおき、

「へねめおこほの」と発すれば
耳に聞き、目で見て、心に感じることに少々のとどこおりがあるときでも
「もとろそよ」と発すれば
もとはすべてひとつのいのちの呂から与えられた賜り物、そのもとの呂に帰ったように新生してよみがえるちからが満ちてくる
「をてれせヱつる」
そのちからをすみずみまでめぐらせ、清清しくなったならば
「すゆんちり」
みえないものもみえるものも、いただいたいのちと長寿を寿ぎよろこんで
「しヰたらさやわ」
すべてのものがつながりヤワシテ満ちて調和している状態になる。

そのうち、このウタを歌って聞かすと、ムシやケモノも、花も木も、みんな生の気が甦り、イキイキとすることに気がつきました。
イサの宮にいたときのように、人目に立つことをはばからずとも、いつも、カ

ナサキの父が、私を護ってくれていましたし、私は、安心して、いつでも、どこでも、何にでもこのウタを聞かせておりました。

稲の収穫を増やしたり、野山で歌いながら応えてくれる薬草やキノコを見つけたり、それをまた、つぶして歌いながら摺りこんでやり、手負いの鹿やウサギや鳥たちを治したり、ときには、カナサキの屋敷の者や子ども、といった、人間の傷を治したりもいたしました。

イサナキ・イサナミ様もそれをお使いになって、クニを歌って回られたという、三本の弦をはってこしらえたカタガキ（葛垣琴）を、私にもこしらえてくれ、その弾き方も教えてくれたので、やがて私はその調べとともに、あわウタを歌うようになりました。

死にかけていたカラスが羽ばたいたり、後足を引きずっていた狸が嬉しそうに駆け回っていきました、

春の野山が、みるみる緑に染まるのを見ながら、夏の潮風に吹かれながら、ハラハラと落ちていく木の葉たちを送りながら、私はこのあわウタを、イサナキの父君、イサナミの母君と共にあるような思いで、毎日うとうておりました。

祖父トヨケカミの願い

数えで九つになったある日、琴を抱えて鳴らしながら、カナサキの父がぽつりと言いました。

「ヒメさま。

ヒメさまは、父君、母君のお父様であられるトヨケカミさまをおわかりでございますかな」

「……」

「ヒメさまのご両親、イサナキ、イサナミのフタカミさまが、七代アマカミとしてご夫婦カミとなられましたのも、みな、ヒタカミのケタツボ（＊仙台多賀城）におはします、トヨケカミさまのご尽力によりますもの。

このクニタマが生まれましたときからのトコシナエなるアメなるミチ、そのヲシエをクニトコタチさまから譲られ、まもってこられたのがアマカミでございました。その、アメナルミチを地上にて遂行される役目のアマカミが、六代、オモタル、カシコネ様に世継ぎが得られませなんだために絶えなんとしたそのときに、あなたさまの祖父にあたられるヒタカミの第五代タカミムスビ、トヨケカミさまが、ご自分の最愛の一人娘イサコさまと、コシの国にお育ちになられた、貴い先祖のヒマコであられたタカヒトさま、つまりあなたの父上様です、をめあわせられ、ヒタカミとコシの間になる、イサ（つくば）に新宮を建てて住まわせられたのです」

「……ですが、……」


「？　なんでございますか？」

「ですが、カナサキのととさま、その、父君と母君にも、こうして、このヒルコがオトコではなかったために、お世継ぎは……」

カナサキは、私の顔を、はじめてみるような真面目な顔でじっと見つめました。

「……やはり、心をいためておいででしたか、無理もないこと」

その声に誘われて、あやうく、涙がこぼれそうになるのを必死でこらえておりました。

やがて、また、カナサキが口を開きました。

「しかし、ヒメさま、ようくお心得になるのですぞ。

マツリごとはアメより下るアメなるミチ。

アオヒトクサである草草、つまり人々をおさめんための天の力でありミチでございます。

しかし、ミチにはもうひとつのミチがあり、そのフタツが合わさってこそ、すべてがうまく繁茂してゆくのです。

……まだ、お早いかと思うておりましたが、これをお見せいたしましょう」

そういって、カナサキが振り向き、大切そうに、紐のかかった箱を開け、何やらをその中から取り出して、私の前にひろげました。

……それは、一枚の、絵？　でした。

丸い縁取りの中に、なにかがきれいに並んで描かれていて、その中にもまた、丸い環があり、見たこともない、不思議なものでしたが、そのまんなかのあたりから、ブーンという音のような波が立ってきているようで、そこから、何かが湧き上がってくるようで、思わず、後ずさりしながら、目が離せずにおりました。

「これは、……これをご覧になったことは誰にも話してはなりませんぞ。これは、『モトアケ』といい、トヨケカミさまが先祖から代々受け継がれたタカラでございます。」

「モト、アケ……」

何か、体の奥からゾクゾクするような響きに、胸が痛いほど早く鼓動を打っていました。

「ヒルコヒメさまの祖父であらせられる、五代目のタカミムスビのタマキネさまは、トヨケの神（＊豊受神）と呼ばわれて、そのヒタカミに生を受けられ、六代アマカミのオモタル・カシコネのフタカミと、手を携えてこのクニの、生きとし生けるものが互いに和《やわ》しあい、睦みあい暮らす日々が安らかであるようにとつと

モトアケの図

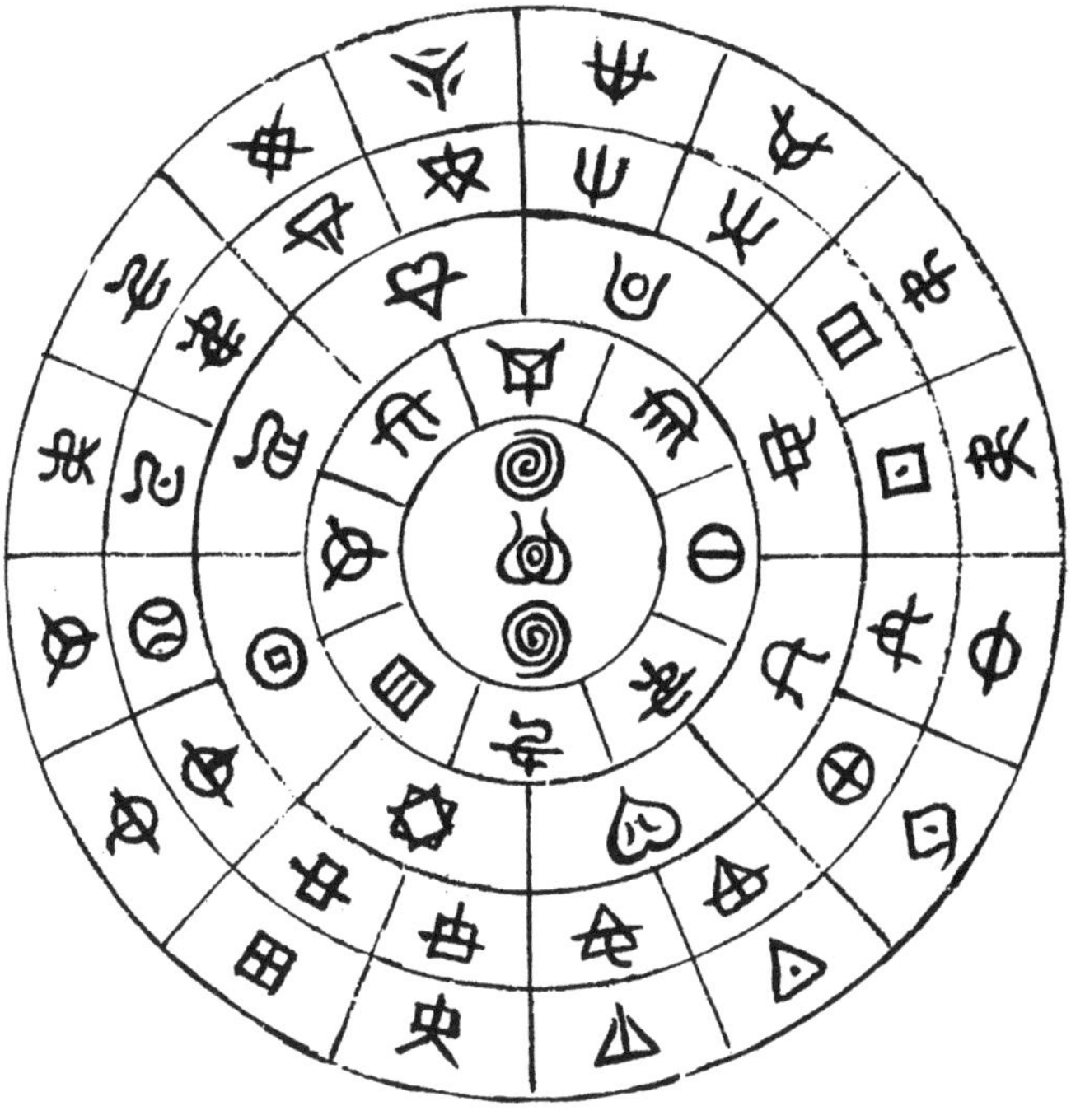

めてこられました。

代々に伝わるモトアケは、アメミオヤからフタワレテ、渦の中から現れしカタチ（元素）の性質や並び方すべてを明かしたものでございます」

「よいですかな」

カナサキが、指を立てて、絵の中心を指しました。

「これが、この、中心にある三つのカタチこそが、『モトモトアケ』であり、アメミオヤのサコクシロ、アマノハラ（宇宙）の中心を表してございます。

それぞれ、あ・う・わ、という、カタチでございます」

そこには、へびのような、互いに反対巻の、ぐるぐる巻きが二つ、と、そのあいだに、大きな桃の実のような形がありました。

「目に見えるものも、目に見えないものも、すべては、この、あ・う・わから生まれているのでございます。目に見えない力の『あ』と目に見えるところの『わ』をつなぐ『緒』となりますのが、この、炎のカタチをしております『う』でございます。

伝えによれば、わたしたち人はみな、トコシナエのアモトというところより、『タマ』となってやって参ります。ユキキノミチなるミチを通りつつ、この地上にやってくるのです。ここでは、生きるための欲ともいえる『シヰ』なるものと合わさり、『タマシヰ』となるのですが、その、タマがやってくる元にある、タカアマハラも、トコシナエも、すべてが、この『あうわ』から生まれてできたといわれております。

そのまわりに、ぐるりとありますのが、これら、八つのカタチ『トホカミエヒタメ』のヤカミ（八神）、でございます。

これが、『と』、ふたつ飛ばしまして、これが『ほ』、またふたつ飛ばしまして、『か』、またまたとばして『み』、次が『え』、その次が『ひ』、そして、これが『た』、最後が『め』でございます。

このヤカミは、ヒトのタマの降ってくるところ（＊天の川）であり、さきほどの、モトモトアケと合わせて、コホシ（九星）とも、アメノトコタチとも申します。

このように、われらがおりますこのクニタマや、クニタマを生みましたアノハラ（宇宙）ができあがってきた模様をカタチにおさめましたものが、このモトアケの図、フトマニ図でございます」

カナサキの指の動きを必死で追っていた私に言いました。

「わからなくてもよいのです。

この順番に、トコシナエなるアノハラができあがり、この順番でそのア（天）から恵みがおりてくるのです。

天からの恵みが地上に降りるめぐりもこのようであるということです」

「と・ほ・か・み・え・ひ・た・め」

「さようでございます」

この地上で、この八柱のオトを唱え、生きとし生けるものに天のメグミを降ろす御役が、アマカミ、であるのです。

「アマカミ……父君・母君……の役目……？」

「さようでございます。

そして……」

カナサキが、また指でさしはじめた。

さきほどの八柱の外側に、ぐるりと輪になって、また何かが書かれてならんでいる。

今度は、こちらから、こちらのほうへ、さきほどと反対めぐりに、二つ飛ばしてまいりますよ。

「あ」「い」「ふ」へ」「も」「を」す」「し」

「ひい、ふう、みい、よ、い、む、な、や、また八つのカタチがある」

「はい、そうでございます。

このヤカミは、キツヲサネ（＊東西南北）やヰクラムワタ（ヒトの体の成り立ち、肉体のみならず、神経や心や五感、見目カタチも含む）を治め、調えます。

つまり、こちらは、そのアメなる天からの見えない恵みを受けて、この地上で生きていくために、それを目に見えるものとして活かすのに一番めぐりの良い順番、自然のコトワリ、運行ネコエでございます。

このネコエをよくご覧くだされ……なにか気づかれませぬか？」

「ア、からはじまり、最後はシ、となっておりまする。

ヒメ、お気づきになりませんかな？

毎朝、うたっておられるあのウタ
五、七の区切れのところで、声を大きくしてみましょうぞ」
カナサキが、先に立って歌い始めました。

「あー」かはなま
「いー」きひにみうく
「ふー」ぬむえけ
「へー」ねめおこほの
「もー」とろそよ

「をー」てれせヱつる
「すー」ゆんちり
「しー」ヰたらさやわ

「……いかがですか？」

「あ、この!?」

私が、さきほどの、円の中の「あいふへもをすし」の八つのカタチのところを指さすと、

「さすが、おわかりの早いヒメサマですな」

「これが、ネコエでございます。よそや（四十八）のネコエ。これらのオトは、アマハラにも響き、行き来する力をもっております。これこそが、あなたさまの御役目でございますよ」

「??」

「あめなるみちを地上に降ろされるのがアマカミのお役目。

降ろされたアメなるミチを整え、この地上で一番めぐりよく、自然の巡行に適い、生きとし生けるものがそれを用いることができるように、この、あいふへもをすし、それをお伝えなさるのが、ヒメサマのお役と心得られ、この、あいふへもをすしの順でならんだヨソヤのネコエ、あわうた、を、しかと身に付けられ、世に広められますことを」

「私にも役が？」

「さようにて」

「私にも、私もこの、人の世にいてよいのですか……ああ、カナサキのおとど、私は、いままで、私にはこの人の世で役に立つことがない生まれなら、喜んでくれるけものや鳥や、木々や、虫たちとともにあろうと思っていたの」

「……」

「でも、わたしにも、人の世に役立つミチがあるなんて」

「ヒルコヒメさま。

このクニタマは、人のためだけにできているのではございません。いのちあるすべてのものがやわしあって繁茂してゆくことがアメミオヤのご意恩であり、則《のり》でございます。

私は、舟を用い、海を巡りながら、クジラに助けられたこともあります。魚たちの群れや海鳥たちに教えられてようやく陸に戻れたこともあります。

木々が、雨の水を溜めて、地に返してくれ、川の水が清まり、海となります。すべての、いのちあるものが支えあって、このチダマがありますことを、もしも人がわすれて、ひとのためだけのマツリごとを行えば、アメなる恵みを自分たちだけが受けようとするようになれば、クニタマが乱れます。

そうならぬよう、すべてが、やわしあって、恵みのもとで生きていくため、ひとりひとりをそのアメの運行から逸れぬように整えるあわのうた、目に見えますところも見えざるところも、このヨソやネコエによって、アメナルめぐりにかなうようになるのでございます」

「カナサキおとど！　おとどは、なんとものしりなのでございましょう！」

「私ではございません。

これはすべて、あなたの御祖父様、トヨケカミさまから教わりましたこと。これを、わが孫、ヒルコヒメに伝えよと、ウタに多少たしなみと心得がある私を、もったいなくも、ヒメサマの養父とお定めくださられたのです」

「トヨケカミさま、」

「さよう、いまお目にかけましたこのモトアケは、宮中のカシコトコロに、トヨケカミ様がお納めしておられます、『カクノフミ』という、いにしえからの伝えフミからの写しでございます。

トヨケカミさま、イサナキ、イサナミのフタカミ様以外、何人も目にしてはおりませぬもの。タカミムスヒ、カンムスヒという、イニシエのフタカミの流れを継ぐ方のみがマコトに使いこなすことができる、この、モトアケのカタチ。

それを、このカナサキに写させ、お預けになり、ヒメさまがマコトにこれをご理解なされるよう成長を待たれておられるトヨケカミさまの御心をどうぞお察しくださいませ」

「……私は、お逢いしたことがない……」

「お心で、お会いくださいませ、ヒメさまなら、お心をとばすこともできましょうぞ」

そう、笑いながら言うカナサキの父は、いつものような、おかしみのある、陽気なお方に戻られておいでだったのでした。

こうして、私はカナサキから、毎朝、このヨソヤオトのあわウタだけでなく、遊びながら、これらのネコエを五七の組み合わせで整える、和歌のおかしみ、言葉のおもしろさ、深さ、を教わっていったのでした。

五七（いねななみち―五音七調）で歌を詠むということは、実は、目に見えないところから、ことのはを用いて、目に見えるものをつくりだすということなのでした。

すべてのことは、ことのはに乗せることで、「ある」ものになるのだということがわかって、そこには、野山のものたちと語らい、通じあうときの嬉しさや楽しさと同じ、いえ、それ以上に夢中になるくらいの喜びがありました。

カナサキもエシナズも、私になにかと五七五七七みそひ（三十一）音で表現させては、その早い長じぶりを目を細めて喜び合っていました。

なぜ、三十一なのか、と、一度尋ねたとき、カナサキは、

「和歌のみそひ（三十一）文字は、大変に理にかなっているもので、これはクニタマが、天を巡る三百六十五日を四つの季節に分けて、さらに、上旬、中旬、下旬にと分けると、三十一になるからです。」

と、教えてくれたのでした。

また、和歌の言葉遊びの中には、上から詠んでもしまいから詠んでも、まったく同じになる、マワリウタというものがあり、それを考えるのは日が暮れるのにも気づかないほど夢中になる面白さでした。

カナサキの父は、よく、私を連れて海にでかけました。

そこでは、ご自分で作られたマワリウタや、ワカを、思いつくままうとうてお

いででした。

大きな海から打ち寄せてくる波の響きが五七の響きに重なって、とても心地よく感じられたものでした。

ほうれほれ
あわのうたより　わきいでて
とみなすもとと　なりにける
おおくはいらじ　いのちにて
われとおもわん　ものどもの
こころいきおば　みせるべし
ありがたきかな
ありがたきかな

カナサキと私は、魚を捕るときも、竿だけ持って、餌などは何もつけずに、ウタで獲りました。

岩場から、竿で、海の水をゆっくりと渦を描くようにして回していきながら、腹からイキスと声を混ぜて、カナサキが歌うと、面白いように渦の中から魚がポンッと飛び出てきてひっくり返るのを、私はそっと両手で包んで、次々と魚籠に入れました。

魚たちがあまり寄ってこないときは、岩場に吊るした、黒い音石を響かせあうと、やがて、夥《おびただ》しい数の魚の群が、キラキラと光りながらやってくるのでした。ときに、石の響きに合わせるようにして、私があわウタやウタを響かせると、ウミドリやとんび、カニやヤドカリ、時には、亀やイルカなども集ってくるのでした。

海だけではなく、風も、鳥も、木々も……この世界のものは、みんな五七の響きとそれぞれのウタをもっていて、それを「ことのは」に乗せたときに、私たちは通い合うということを、私は、或るときはニシトノの海で、潮風と日の光とをむせぶように浴び、或るときは、カブトの山を仰ぐ野原で、自分のウタをもって交流して実感していったのでした。

そんな私を、カナサキはいつも好きなようにさせて、見守ってくれていました。

アマテルカミの誕生
待望の世継ぎ、弟神の誕生

にちりんを　アマテルカミと　したわれて
われみおやには　なにをのぞむや

………シラヤマ（菊理）ヒメ語り………

このように、ヒルコヒメさまが、ヒロタの宮で、カナサキ・エシナズの二人に慈しまれながら、賢くお育ちになっておいでの頃、イサナミさまは、どうしても世継ぎの御子が得られないことを嘆きに嘆かれて、とうとう、一番頼みとされるご実家の父、トヨケカミ様に、何としても日嗣の御子を授かりたいのだと、懇願され、ご相談されました。

そもそも、誰よりも可愛い愛娘を、アマカミとするため差し出され我が兄タカヒトとめあわせて、イサナキ・イサナミの夫婦神とされたご責任を感じておられたトヨケカミ様は、ここから、祈りのための世継社を建てられ、実に八千回に及ぶ禊をされ、渾身の祈りをささげ始められたのでした。

その祈りが天に通り、イサナキ・イサナミ様もハラミ山に登られ、千日の巡りにて、日の神の御霊がイサナキ様のチリケ（背骨、身柱）に入られ、そののち、イザナミ様は富士のハラミ山にて、めでたく日嗣の御子さまをご懐妊なされたのでした。

ヒルコヒメサマが八歳のときでございました。

………ヒルコヒメの回想………

その朝は、カナサキが、私のところに訪れてくることもなく、屋敷じゅうが、特別な空気があふれて、誰もかれもが、晴れがましく、ソワソワと落ち着かない様子でした。

とうとう！　ついに！

アメミオヤ様よりゆるされて、かねてより、イサナミ様のお腹に九百六十日も入っておいでだった日嗣の御子が、元旦の日の出とともに、晴れてこのくにに誕生されたのでした。

ああ、おじいさまである、トヨケカミ様はじめ、父上様、母上様、あまたの宮中のトミ、クニカミ、クニタミ、も、こぞっていかばかりの喜びでしょう。

くにじゅうから、お祝いにハラミ山のアメミヤにかけつけ、もちろん、カナサキのおとども馳せ参じられ、今頃はどのあたりまで着かれているでしょうか。

ヒルコも、逢うてみたい。

なんでも、丸いタマのようなエナに包まれてお生まれになり、イチイの杓の先で切り開いて取り出されてみれば、光り輝くような、御子で、さすが、お母様が日の神さまを拝まれたときに、陽の御霊となってお腹に入られただけのことのある尊い皇子であられるとか。

それでも、私の弟なのかしら。

ああ、けれど、私は、父君のアメの節の穢れをまとうもの、祝いの場に行けるものではないもの。

待ちかねた、カナサキの、宮中からの帰還は、御子さまご誕生からひと月もたってからでございました。

宮中では、お祝いごとや、祝いを述べ伝えににみえる方々がきれることなく、連日たいそうな賑わいであったとのことでした。

カナサキの父もたいそう興奮されたままで、屋敷に入られると、宴のあいだじゅう、宮中でご覧になられた、御子さまや人々のご様子のお話を大きな声でされておいででした。

そんな中でも、ことにシラヤマ姫さまにおかれては、皇子様の産湯をつかわせようとされたとき、御子様がはっきりと「あなうれし」とおっしゃられ、それに続けてお名前を問えば、

「われはウヒルギの御子（大いなる日の輪の霊の杵）なり」と申されたとか。

エシナズのおかかさまも、その話には、目をみはられて驚かれ、畏れ入られておいででした。

「シラヤマ……」

思いがけない懐かしい響きに、胸が高鳴るのを覚えました。

シラヤマ、シラヤマひめ。

父君の妹御さま、お懐かしい、お姿が浮かびました。

遠く彼方に忘れていた面影、笑顔。

「フタカミさまは、この御子様のお声を聞き取りなされたことをたいそう喜ばれてな、シラヤマさまに、『キクキリヒメ』とのあらたなる讃え名を賜れたのじゃ」

「キクキリヒメさま……」

まこと、ふさわしきタタエ（称え）名と感じ入らせていただきました。

宮中ではさぞや、喜び驚かれておいでとのことでしょうが、私には、わかる。

そのようなこと、私たちにとっては苦もないこと。

幼き私とも、誰もわからない声で話をし合っていた、あのシラヤマさまなら、

御子様のお声が聞き取れないはずはないのでした。

ああ、シラヤマさま、おなつかしい、ヒルコのことを覚えておいでだろうか。

その夜は、なかなか眠れずに、しばらくぶりに、ツクバの宮、イサミヤのあたりのこと、父君、母君のこと、シラヤマさまのことなど、代わる代わる胸に浮かび、寝返りばかり打っておりました。

すると、隣の部屋から、寝ていたとばかり思うていたエシナズの声がいたしました。

「ヒルコヒメさま、しばらくの辛抱でございますよ」

「？」

「弟君さまにもお会いになられたいでしょう。

宮中へのお召がいまだなきこと、お恨みなされてはなりませぬぞ……」

「何を申されます？

ヒルコは、この、ニシトノが好き、お二人のもとにいつまでもずっとおりまする」

幼いときのように、エシナズの夜具に入ってしまいたい気持ちにかられながら、悲しいわけではないのに、なぜか流れてくる涙を見せて案じさせてはと、こらえていると、不意に、闇の中に、あの夜の満月の光が浮かんできたような感じに襲われ、それと同時に、もう、おぼろになっていた、あの舟の上での夢に現れた女の方の声や気配のすべてがすぐそばにあるように蘇りそうになり、私は、闇の中で息を止めて、夜具をぎゅっと握りしめていました。

ドキドキと、胸が早鐘のようになり、汗が出てきて、どこか遠くに連れて行かれないように体中に力が入っていました。

どのくらい経ったのか、満月の気配が遠くなり、力がほどけて、ふーっと、いつしか眠りに入っていったのでした。

鳥たちの声で目がさめてからも寝床にはいったまま、ぼーっと、思い返す昨夜のことでした。

あの、女の方は、シラヤマさまだったのか？

それとも、母君、イサナミ様の面影が、あのように現れたのか。

愚図愚図していると、玉垣の向こうの社から、カナサキおとどのよく通る声音が、しばらくぶりに響いてきたので、私は、いそいで起きだして衣を替えると、声に重ねるように、あわウタを歌いながら、昨夜、宮中からの土産にとくださった、新しい六弦の箏の調子を整え、だんだんと大きく近くなる声の主がやってくるのを待つのでした。

どのような想いのときでも、この貴いヨソヤのオト、あわウタを歌っていると、心は晴れ晴れとしてくるのでした。

ゆうべからのすっきりしない気持ちも、不思議な後味も、口を大きく開き、一音ごとをしっかり唱えさせていただくと、そのたびに、跡形もなく散って行ってしまうのでした。

いつか、その心持の変化の不思議をカナサキに話したときに、

「ヒルコヒメさま、それこそが、シハカミと申すものでございます」

と言われたのを思い出す。

「このあわうたをただしくうたい、めぐらし、用いてこそ、われらヒトの心は、あめなるノリに調和した様になり、おおいなる力を生むのでございますぞ」

ありがたいそのシハカミなる力を、お祖父さまのトヨケカミ様や、父君様、母君様、カナサキのように、私も、誰かに教えてやりたい、伝えたい。

まだ見ぬ御子、弟、ウヒルギのワカヒコに、世に生まれ出て、やがて人となるすべての赤子にも、そして、いまだ病に起きれぬままの子や、私のように、親元から離れて生きる子たちにもじゃ……。

私は心が沸き立つような思いに駆られるのでした。

③再び宮中へ

――弟、アマテルカミの「妹」姫となる

……シラヤマヒメ（菊理）語り……

世継ぎ、ワカヒコさまはお生まれになられてからのちの七月の満月の日に、アマテルカミとしてご即位なされました。ヒタカミのトヨケカミ様より真名、「ワカヒト」と捧げられました。

そして、フタカミ、イサナキ・イサナミ様は、ハラミ山（富士山）の麓の天の原にて、心をこめてご養育されておりましたが、やがて、アマカミとしての教育をなさるために、トヨケカミ様が御直々にお迎えにおいでになられることとなりました。アマテルカミさまは、そののち十六歳から十四年の間ものあいだ、ヒタカミにてトヨケカミ様のご教育を受けられるのでした。

フタカミさまには、ツクシに御幸なされましたときにモチキネさま（ツクヨミさま）もお生まれになり、イサナミさまは、諸国を回られていたお疲れも出たのか、御体の調子を少し崩され、おフタカミは、ソサ（熊野）に来り、宮を建てられてて、そこで静かに過ごしていようとなされ、キシイ（キたりてシずかにイる）と名づけられました。

……ヒルコヒメの回想……

母への想い

宮中からの御遣いの話を、カナサキのおとど（父）が聞かれて暗い顔をされていましたのは、母君、イサナミ様が、筑紫にてもう一人の弟、モチキネをご出産なされてからというもの、なかなか御身体の調子が回復しきれないという知らせだったからということを、やはり先年、女の子を生んだあといっとき加減がすぐれなかったエシナズと語っているところから知りました。

私は、そうとわかると、三つになる前に別れたきりで、会うこともない母君、イサナミ様のご容態がきゅうに案じられてならず、もしも、このままふたたびお顔もまみえることもなかったらと、春の賑わいの、いつもなら一番うれしい、ごみやぜんまいの載った膳にも箸をつけられない心地になってしまいました。

そのような私の様子を気に留めて、義妹ハヤアキツヒメを抱いて乳をやりながらも、エシナズが、トチやくるみを混ぜてすりおろして蒸した餅を差し入れてくれたりすることにも、さらに申し訳ない心地なのでした。

母ならむ　遠きお方の病むありと
おだやかならぬ　心地さえして

カナサキより手ほどきを受けていたヲシテ文字にて、思いをしたためておりましたところ、

やはり、いまをおいて、この思いを伝えるときはないと気持ちが急かされてきて、とうとう、カナサキのところにいき、母君の見舞いをさせていただきたいと

申し入れてみたのでした。

ソサ（熊野）父母との再会

ソサクニまでの旅はちょうど春であったこともあり、すべてのものに命が息吹く様を見ながらの、胸のときめくものでした。

木の芽も膨らみ、水がぬるみ、花が咲いて、それらがみなウタを歌って調和している光景は、時を隔てて両親と再会する不安を忘れさせてくれるほどに幸いあふれた姿でした。

驚いたことに、ソサは波高く、岩も大きく、荒々しい土地だとばかり思っておりましたのに、熊野灘を過ぎ、川に入り込んでから、舟から見えるソサの地は、桜がいちはやく咲き、梅と乱れ、岸辺には蓮華やいぬふぐりがいっぱいに咲き、葦のあいだには土筆がたくさん顔をだす、春の野辺そのものであったのでした。

私はいっぺんでこの地が好きになり、風の中に桜の香りをいただきながら、これからまみえるイサナミの母君に想いを募らせていきました。

ソサから入り、辿り着いたキシイの宮は、三重にめぐらされた板垣、玉垣の奥に、大きな母屋社が四つも並んだ大きな宮でした。

奥から二つ目の屋敷の上りぐちに導かれるまま参りますと、香木のかすかな香りが混ざり、数人の女性たちが取り巻くようにして座る中に、白のお召に茜で染めた布をかけられた、美しい方がお座りになられていました。

ひとめでそれが母君であられることはわかりましたが、私は頭を垂れ、震える声で、来る舟の中で何度もおさらいをしたお見舞いのご挨拶を申し上げ、頭を持ち上げることができずにじっといたしておりました。

「……」

何の返しごともなく、不思議にしずかなのに気がついて目をあげてみると、母君様は、こちらから目を離されずにご覧になられていて……そして、その目からは……涙を流されていたのでした。

茫然としてその涙を見ていますうちに、胸の奥から、熱いものが昇ってきて、私の目からも、それが熱いしずくとなって流れて落ちはじめました。

手招きされるまま御傍に上り、

「おひさしゅうございます、御身体を案じておりました。」

と申し上げれば、母君様はすこし頼りげなきご様子でほほえまれ、黙って私の両手をとられました。

私の両手をご自分の手に包んだまま、頬にあてて、

「よう……おいでになられてくださいましたな」と目を閉じておっしゃられました。

私たちの様子を見ていた者たちから、安堵した空気が流れ、口々に喜び合い、中には泣き出す者もありました。

玉砂利を踏んで歩く音がして、誰かが入り口に現れたと思うと、聞き覚えのある、美しく凛としたお声が

「そなた、ヒルコヒメか……」と。

振り向かなくても、それが誰のお声かはわかっておりました。

心を定めて振り返ると、そこには、昔となにも変わられていないイサナキ様、父君のお姿がありました。

お心の裡は見せられない父君ですのに、めずらしく、まことに安堵されたこと

をお話しくださり、成長した私の様子に、カナサキへの褒め言葉をしきりにおっしゃられるのでした。

はじめて会った、幼い弟君ツクヨミは、まことに見目麗しく、賢く、透き通るようなはかなげな美しさはオナゴにさえまずいないほどでした。
それでも、私の前では時折、子供らしいところもお見せになるのでした。

イサナミ様は、私が、御身体のおつらいところに手をふれさせていただき、ウタをよみますと、お楽になられたことに驚かれ、また、幼き兄弟たちが、私と楽しそうに遊ぶところもご覧になられており、もう、節歳の穢れも川に流してきたことであるし、ヒルコヒメを宮中に戻して、暮らさせたいと、イサナキの父君にお願いになられたようでした。
ただし、世継である、ワカヒコ・アマテルカミが、両親の第一子であることにしておきたいので、ヒルコヒメはワカヒコの下の子、姉ではなく、妹として、宮中に復帰させるとのことで、アマテルカミのイロト（妹）ワカヒルメという名前

ウルトラファインミスト ミラブル

商品価格：41,800円（税込）

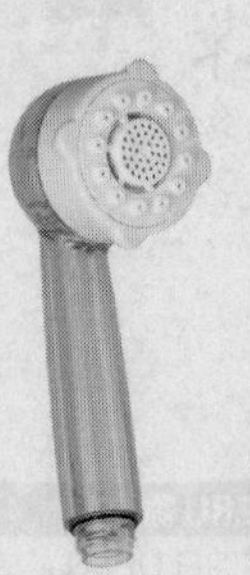

ミラブルは、日本が誇る小さな気泡を作る技術を応用したシャワーヘッド。髪の毛の約1/4という超微細な気泡「ウルトラファインミスト」が、毛穴やしわの中に入り込んでいくので、石鹸などの洗浄剤を使わなくても、水流だけで汚れを落としてくれるのです。頭皮の皮脂が気になる方や、肌の弱い赤ちゃんにも安心してお使いいただけます。さらに、ミストが肌に浸透していくので、化粧水をつける前からお肌はもちもちに。水流は2WAY仕様。1つのヘッドで「ストレート水流」と「ミスト水流」にワンタッチで切り替えが可能です。一般のシャワーヘッドより節水率が高く、カートリッジ交換も不要なので経済的。取り付けも簡単にでき、非常に持ちやすく軽量です。

本体：160mm×70mm×55φ／接続ネジ径：G1/2mm／使用給水圧：0.1〜0.3Mpa／重量：160g

【吐出量】ストレート：8.5L/min マイクロバブル（30μm）6000個/ml ウルトラファインバブル（150μm）70万個/ml

ミスト：3.5L/min マイクロバブル（10μm）2400個/ml ウルトラファインバブル（130μm）1400万個/ml

【材質】本体：ポリカーボネート及びABS　ネジ及びバネ：ステンレス

『しゃんぷう屋』ヘア＆ボディシャンプー

商品価格：4,180円（税込）／3本セット 10,185円（税込）

世の中に流通している多くの製品には体にとって異物となる石油由来の原料が含まれており、それは地球環境の破壊にもつながります。そうした思いをきっかけに、人にも環境にも優しいシャンプーを作ろうと、植物性の洗浄成分の使用にこだわり、構想から約10年をかけて完成させた逸品です。髪だけでなくお顔も体も洗えるオールインワンシャンプーは、特殊な濃縮製法により1回の使用量が少量で済み、髪やお肌が潤う弱酸性をキープするので、お肌の常在菌がダメージを受けず健康な状態を失いません。さらに、天然由来の上質なアロマがバスタイムを癒しの空間にします。このシャンプーをもとに執筆された、心温まる短編小説『しゃんぷう屋』（ヒカルランド刊）もあわせてどうぞ。

容量：180ml／使用目安：髪と全身洗い1回につき3〜5cc程度（500円玉サイズ）

※洗浄成分は天然由来（植物由来）を用いています。

も賜ることとなりました。

私は喜ばしい気持ちと、養父母カナサキ・エシナズへの思いと両方がありましたが、父君が、カナサキおとどたちに生まれたハヤアキツヒメを、末には弟たちの妃にと考えてくださっていること、クニカミとしてのカナサキにたくさんの恵みを賜られること、いつでも会わせていただけること、などのお話に、イサミヤにて、フタカミの両親と伴に生きていこうと心を定めたのでした。

それに何より、私は、キシイとソサの地からみなぎる天の恵みを受けた山々と樹木が発する壮大なエネルギーに圧倒され、魅了されてしまっていたのでした。

キシイ、そして、ソサ、は、まさに、天と大地が出会い、その元で様々な生き物がうたうように生きているクニでした。

アマテルカミのイロト（妹）となることにも何もこだわりなど感じませんでした。

上であろうが、下であろうが、もとは一つ。

この美しい世界を作り出しているのは、天からいただく光と雨や風、それをいただいて伸び行くいのちの織り成す模様、の両方があってのこと。

オトコの方たちが、アメからの力を人々にいきわたらせるためのマツリゴトを整えるなら、オナゴである私たちは、いいえ、私は、小さきものや物言わぬもの、けれども、ほんとうは、私たちヒトと同じいのちをいただいているものたちを共に守っていきたい。

人々の穏やかさと、雄大なる自然が共存している不思議な魅力のこの土地で、私の「ワカヒルメ」としての宮中での人生を、母君様をお助けしながら始めてみたい、お役にたちたいと、フツフツと、力が湧いて参りました。


それでも、別れのときは、やはり、つらいものでした。

朝、盛装で、ともに、カタガキとイスキ（五弦）の箏とで打ち鳴らし合い、歌い合いして、おとどカナサキと、ニシトノでの、育ててくださった九年間を思い起こしながら、ひたすらありがたくいとおしく、別れがたい思いに涙いたしました。

エシナズとも、何度も抱き合いながら、別れを惜しみ、まるでトツギの儀でもあるように、膨大な数の祝いのアワビやタイや昆布を持参させていただき、泣く泣く、ヒロタを出立いたしました。

仲よくなった、獣たち、庭の木々、床下の白蛇や、屋根のヤモリや、藁の中の虫たち、どれほどに、この屋敷で日々を過ごしたことでしょうか。

幼く小さいハヤアキツヒメ、いつかまた必ず会いましょうぞ。早くお育ちなされませ。

家のトミタミ（臣民）、かつて、私に体を治された者、言葉やカタチを習った者、総出で見送りを受け、私はフタカミ様のお待ちくださるソサの宮に向けてと、私を育んでくださったヒロタの宮とに深々と頭を垂れました。

ピー――ッと、カナサキの父が吹く、あの指笛が、私の門出を促すように響き渡りました。


……シラヤマ（菊理）ヒメ語り……

皇女さまとしてお生まれになられながら、長きにわたり、ご両親のあめの節年の厄を祓われ、宮に戻られるまでを養女として過ごされたニシトノノヒロタ宮を後にされたヒルコヒメさまは、これから、始まる、皇女としてのご自身の役割に胸を躍らされておいでででした。

宮中では、見事お育ちになられたヒルコヒメ様を、実際はイサナキ・イサナミ様のご長女であるのですが、弟君であるアマテルカミさまをフタカミ様のご長男と奉るためにも、イロト（妹）君としてお迎えになられたのでした。

こうして、アマテルカミの妹カミとして、ヒルコヒメ様は、ワカヒルメとなられました。

父母との暮らし

なにをとう　こころのまどを　のぞくなり
かたきこころの　しんをほぐさん

……ヒルコヒメの回想……

キシイの宮は、雄大な空と山の狭間にある穏やかな明るい宮でした。藤の花が咲き、里では、人々が穏やかにやわし合って、フタカミ様を慕われている気配が見て取れました。

このヤマトのくにじゅうでそうであったように、ここでも、灌漑がひろまり、これまでのアワ・ヒエ・キビなどに加えて米も順調に収穫されているようでした。

その安堵か、御世継が生まれて責任を果たされたお心のゆとりか、父君イサナキ様と、母君イサナミ様のご様子は、昔、私が幼い心にも感じ取っていた、あの、何か隔たりのあるぎこちのないところがすっかりとれ、お互いに思いやられ、心を寄り添わせておいでの夫婦神様であるのでした。

そのことは、私の心をいっそう晴れ晴れとさせ、私はますます親孝行をさせていただきたいと、おそばにいられなかったときのぶんもと、たえず母イサナミ様のおそばを心がけ、御身体を気遣い、時には、ウタの合わせなどもしたりするうちに、母君様と私の間には、だんだんに心が強く通っていったのでした。
或る夕暮れ時、山にかかり始めた月を見ながら、母君様と私は二人でまた楽しく歌を詠み合わせておりましたとき、父君様からと言って、今宵もあまり夕餉《ゆうげ》を召し上がらなかった母君を案じられて、花びらのような美しい餅が差し入れられました。
「父君様はまことに、母君さま想いで、お二人とも仲睦まじくあらせられて、私も嬉しくてならないのです」
と申し上げますと
母君は美しく微笑まれましたのち
「私は、そのことをわかるのが遅かったのですよ」と独り言のようにつぶやかれました。
いぶかしく、私がお顔を見つめていると、
もう一度微笑み直して
「ずっと、イサナキ様のお心がわからなかったのです。
あの方には、昔、月のクニに想い人がおありだったようでした」

とおさびしそうにおっしゃられ、私はハッといたしました。

遠い昔、夜空を見上げて、モノ悲しいお顔をされていた父君の横顔が浮かびました。

なぜだか、触れてはいけないものに触れてしまったようで、私は母君にいそいで、きれいな餅の載った器をおすすめいたしました。

時の瀬に
　月棲む空をあくがるる
　　御袖の裡は乾きぬるかは

この日、母君様がお詠みになられた歌は、いつまでも頭の中に残って消えず、なぜかあの満月の夜の夢の美しい方の面影と重なっていくのでした。

やがて、そんな中で、母イサナミ様にまた御子が宿られたことがわかり、御体調のことも案じながらも、みな、喜びに沸いておりました。

ちょうど、桜の花の咲き乱れている頃にお生まれになったので、御子はハナキネとイミナをいただき、ソサで生まれたオトコの御子ということで、ソサノヲ、とも呼ばれました。

御体の以前より弱くなられていたイサナミ様がご無事でご出産なされたことを喜びました。けれども、その喜びもつかの間、ハナキネ、つまりソサノヲは、たいへんな癇の強い御子で、夜じゅう、雄叫びのように大泣きをし、昼も、何かにつけては泣き叫び、耳をつんざくほどに大きな声を張り上げるので、精の弱られているイサナミ様はほとほと参られてしまわれました。

ソサノヲは、どんな乳母でも、女御でも、そばに寄せつけようとせず、泣いたときには、イサナミ様か私でなければ、ますます火が付いたようになるので、私はなるべく、産後の御肥立ちもまだの母君に代わり、夜もソサノヲのそばにやすみ、むずかると、泣く前に抱き上げて揺すり、ウタを歌って聞かせておりました。

いよいよのときには、それでも、私でも役には立たず、イサナミ様が憔悴されるのが傍で見ていてもつらいのでした。

「これは、おそらく、すべて私のオエクマ、罪穢れ、ソサノヲはそれを背負って生まれてきたのでしょう」

そうおっしゃられる母君様の言葉の意味がわからず、

「それは、私のときのように、節年ということでしょうか」

とお尋ねしてしまいました。

「いいえ、ヒルコヒメ、そなたのときには、まことかなしい思いをさせました。そのこともふくめ、私が身に負うべき禊が、こうしていま来ているのでしょう。

私は、父、タマキネ、トヨケカミから、イサナキ様とめあわせていただいたとき、すぐに、心の通じた夫婦として、フタカミの御役をいそしませていただけるものと気負いが過ぎて、父君さまがお心すぐれず、私にお気持ちを寄せておいでないと思い込み、お恨みしたり、クニを思うことより、そのような我がことにかまけていたのでした。

父上トヨケカミ様の身を挺した禊のおかげで、ようやく日嗣の御子アマテルカミを賜ることができてから、私だけでなく、イサナキ様とて、なじみのないお立場や、くにじゅうから寄せられている思いの重みや、もしかして、お心を寄せていたこともおありだった方とのお別れや、もろもろの御苦しみがおありの中で、このくにを想い、タミを想い、私やあなたを想い、日々、アマカミのお務めをしてくださっておいでのことのかたじけなさに気付いたのでした。不安や不満の中で泣き叫ぶこのソサノヲの姿は、あの頃の私の心の顕れ……アメミオヤ様におゆるしを乞い、この地の穢れとならぬようにいたさねばなりませんね。」

イサナミ様は、イサナキ様に、ソサノヲが静まるための祈願のために、新しい宮の建立を御頼みになられまして、クマの宮が建てられ、そこを大斎原《おおゆのはら》と呼び、朝な夕なに詣でられ、祈りを捧げられ、天に通じましたのか、日ごとにソサノヲの癇の虫も収まっていったのでした。

……シラヤマヒメ(菊理)語り……

トヨケカミ様のところで、十四年にも及ぶアマカミとしての学びをおえられた、ワカヒト・アマテルカミ様は、いよいよハラミ山(*今の富士山)の麓に新宮を建てて御移りになることが決まり、イサナキ・イサナミ様もたいそうお喜びになられ、詔をされました。

このとき、国中のクニカミ、トミたちが集まってはかり、世継ぎの御子に恵まれない事態を招かぬよう、と、自分たちの娘の中から妃を選び、その数は、うち妃やすけ妃を入れて十三人と、いまだかつてない運びとなったのでした。その中には、カナサキの娘、ハヤアキツ姫も西の局のすけ妃として選ばれていたのはいうまでもないことでした。

そして妃たちの中で、ひとり正妃となられたのは、南の局のすけ妃に決まられていた、サクラウチの娘のセオリツヒメ・ホノコ様でした。

ホノコ様は、それはそれは、清らかで心も美しい、におい立つようなお方ということで、お姿を遠くから見初めて思わず、アマテルカミ様が御自ら、階《きざはし》を駆け下りて迎えに出られたということから、「ムカツヒメ」とも讃え名されたということでした。

……ヒルコヒメの回想……

アマテルカミの妃も決まり、父君様も母君様も大変お喜びで、安心をなされたのでございました。

けれども、それも束の間、椿咲く如月のある日、折からの山火事で、木々が焼け続いて消えずにいるのを、ソサノヲの悪さであってはと気にかけた母イサナミ様が、火を鎮めようとしている山のタミたちの様子をご覧に行かれ、あやまって火勢に巻き込まれて亡くなられてしまわれたのです。

ソサノヲはもとより、私たちの嘆きと驚きは測りがたいものでした。

ご遺体は、花と稲穂で埋めつくし、トヨケカミ様のご到着を待ち、アリマ（有馬）の海辺の岩屋にお納めにいくこととなっておりましたが、あまりの悲しみに、父君様もお籠りになられたままで、私がご到着のお迎えに出たのでした。

お姿を現されたトヨケカミ様は、私には、懐かしくてならない、親しさを感じさせるお方でした。

もちろん、そのお姿には、大変な威厳がおありでした。

けれど、何よりも、際立っておられましたのは、その不思議なお声でした。

天地すべてがそのお言葉に共鳴するような、ミタマに届くような響きのお声の持ち主であられました。

それでも、突然、最愛の娘を失われたトヨケカミ様は、大変憔悴されておいでで、そのご様子に私の悲しみもまた更に増したのでした。

涙に顔をふせますと、誰かが私の胸の中に呼びかけました。

「おいたわしや……」

覚えのある、いえ、忘れられない、この声……

トヨケカミ様のうしろから、歩いて来られたのは……忘れもしない、シラヤマさま、だったのです。

少し、御年を召されてはおいででしたが、変わらぬ深いまなざしと、白いふっくらとされたやわらかいお美しいおスガタと、鈴を振ったように可憐な高いお声で、私の名前をお呼びくださいました。

私たちは、同じ悲しみの中で、思いがけない再会をさせていただいたのでした。

シラヤマ、いえ、いまでは菊理（キクキリ）ヒメとなられたシラヤマヒメさまは、アリマに向かいます私たち一同に、『亡きイサナミさまのノコシごと』として聞き取られたとおっしゃられ、『ご遺体をいっさいご覧になられてはならぬ』と申されました。

私たち一族の他に、嘆き悲しみ見送るタミ、泣きながらついてくるものたち、悲しみのうちに、アリマの、おだやかな浜に突き出した大きな岩屋に着きました。母君、イサナミ様はそこで、たくさんの、白い椿や花々に囲まれておやすみになられるのでした。

しかし、どうしても、母君様の突然の神上がりに、あきらめのつかなかった父君が、私たちには言わずに、こののちに岩屋にひとり行き、あんなに戒められていたのに、母君様のご遺体を見てしまわれるなどということは、思いも寄らぬことだったのです。

それを知った菊理ヒメ様から、母君様の御霊が大層お怒りになられていると告げられ、父君は、ご自分の迷いを断ち切り、穢れを祓われるために、筑紫、宗像、志賀海と、諸国を回りながら、各地の川の水でミソギ祓いをなさり、お気持ちを変えていかれたのでした。

やがてお戻りになられた父君は、アワ宮でお待ちになられていたトヨケカミさまに、亡くなったもののことばかり考えていた自分の執着をお詫びになられ、「やまとくにの発展のために励みいく生き方をすることこそが、ともにこのくにの再建に尽くしてきた亡き妻の思いに適うことであったのに、私は、妻の見てほしくなかった姿をあばいてしまい、苦しめてしまった……」と涙ながらに語られ、こののち、いっそう、まことをこめて、灌漑とクニの再建に心を尽くされたのでした。

父君とツクヨミはアワウミ（近江）のタガミヤに移り、ソサノヲだけは、どうしても、母の思い出深い地から離れたくないと、私とキシイに残っておりました。

④トヨケノリ＝偉大なるトヨケカミ

むろにいり
さいごのときをむかうるに
すべてやりおえ
むねなでおろす

……シラヤマ（菊理）ヒメ語り……

これまで、どこを治められましても、穏やかに栄えるクニつくりをされてきた、ヒルコヒメ様の祖父でいらっしゃるトヨケカミ様でしたが、晩年は、国の乱れていたサホコクニ（丹後）を治めるため、アマテルカミ様の頼みにより、ヒタカミからはるばるサホコクニに御移りになり、ミヤヅに朝日宮を建て、そこでも、たちまちのうちに人心を治め、豊かに穀を成らせ、通商を発達させ、大きな都とされ、「アサヒカミさま」と呼ばれて慕われておいでのでした。

また、次の世代を育てあげられることにもお心を尽くされ、若者たちを呼び集め、たくさんのすぐれた子弟に、クニトコタチさまから教えられた、トのヲシエ、アメナルミチに則った、生成繁茂のためのあらゆる智慧、考え方、灌漑や通商のやり方や知識に至るまで熱心に教えてこられました。

その、たくましく、気丈なトヨケカミ様も、ご高齢になられたこと、そして、最愛の娘イサナミ様をを失われ、さすがにお気落ちなされたのか、祠に入って静かに最後を迎えられることを決意されたのです。

そのために、最後に帝王学をお譲りになろうと、アマテルカミ様をアサヒ宮にお呼びになられました。

……ヒルコヒメの回想……

宮中に大変に重大な悲しい知らせ、トヨケカミ様がアサヒ宮にてトヨケノリにて神上がりを決められたとの報が参りました。

おどろき嘆いておりますす私のところに、トヨケカミ様から、との迎えがやって来たのでした。

とりも敢えずに、宮津のアサヒ宮に参りますと、そこには、先に、ハラミヤマの新宮より、弟アマテルカミが呼ばれて着いておられました。

先に、アマテルカミが、宮中の前（南）殿としての、すなわち、マツリゴト、クニの治め方、アマカミとしての心得を伝授されていました。

トヨケカミさまは、私の到着を大変喜んでお迎えくださいました。

アマテルカミがおられるのに、私にまで何故と思いましたなら、トヨケカミ様は、私には、後（北）殿の役割、つまり、呪術や儀式など、その宮を存続させていくために必要なコトダマによるマツリについて、いろいろ教えねばならないのだとおっしゃられました。

本来その両方が宮中には必要ということで、このたびのトヨケノリに先立ち、アマテルカミと私とをお呼びになられたのでした。

畏れ多くも、私は、いくつものウタを、トヨケカミ様と歌い合せさせていただきました。

トヨケカミ様のことあげなさることたまとウタのお力は、なみなみならず、あのお声でうたいあげられる五七の歌は、雲も風も、星をも、動かされるほどでした。

むかし、トヨケカミ様たちのミヲヤ（先祖）なるクニトコタチ様が、ことのはを操られて実際にすべてを生みだされ、クニをカタチづくられたのだということや、空と海を行き来されて四方にお出かかけになられたという、クニトコタチ様の八人の皇子様たちのお話をお聞かせくださり、そのご様子は、瞼を閉じれば、目の前に現れるほど、私の心にしっかりと刻み付けられました。

また、丹生《にう》という、タカミムスビ家に伝わっていた、山から石を掘り出して、金や銀、水銀、赤銅などを取り出す扱いや、用い方の「ニゴコロ」も、このときに教えていただきました。

トヨケカミ様は、土の中から金ならば赤龍、銀ならば白龍、銅ならば青龍、錫ならば黒龍、というように、山を見ただけで、それらの鉱物が眠っているところに龍が立ち昇ってくるのを知る見方もご存知でいらしたのですが、実は、それは、私がいつも、山から立ち昇るその色たちが何なのだろうと、不思議に思っていた煙の正体だったのでした。

私は、教えていただいた、このニゴコロをもて、いつか、誰もが知り、覚えることができるよう、ネコエのひみつでもあるモトアケとあわウタを、丹生の染め札にして書き付け、クニグニに送り、人々に広めることはできないかと考えながら聞いておりました。

さらに、トヨケカミ様は、アノハラやホシのこと、アメミオヤやアメノミナカヌシ、クニトコタチ、われらのタマとユキキのミチのこと、など、知りたかったことをすべてお話しくださり、何でもご存知であられたのでした。

そして、驚いたことには、私がカナサキの屋敷にいた頃、偶然、響きの波に乗り、離れたところへ行ってしまうことがあった不思議な体験を、トヨケカミさまは意図的になさることができ、戻り方なども教えてくださったのでした。

これらの力をもて、このクニを愛し、護ってくださってこられたトヨウケ様。

ああ、なんという方を失わねばならないのでしょう。

この国はこれからどうなっていくのでしょう。

こののち、御食を絶たれて、ただおひとりで、アサヒ宮の奥津城にあたる、ミヤヅのヒサツグ山でトヨケカミ様はただひとりで祠に入られるとのことでした。

あのお方がお決めになられた以上、何を申し上げても、もはやどうすることもできない……。

御食（ミケ）を絶たれて祠に入られ、神上がりなさることで、ご自分のミタマを、このクニタマにお残しくだされて、やまとくにのゆくすえを、いつまでも御見守りになる方法があるということは、かねてよりお伺いして存じてはおりましたが、いざ、その時が参りますことは、つらいことでした。

アマテルカミとて、トヨケカミ様こそは祖父でもあり偉大なる師でもあり、大きな支えとしてこられたのでした。

おおいなるクニトコタチからの血と力……それは、アマテルカミとその十三人の妃たちとのあいだで生まれていく多くの世継たちの中にしかと受け継がれてはいくものの、だれが、トヨケカミ様がなされたように、いにしえからの伝えとあめなるミチ、ネコエのミチを、しっかりと教えていかれるのでありましょう。

折りしも、ネノクニなどでもよろしからぬ想いの者やあめなるミチを忘れて自分の野心ばかりを重んじている者の気配がし始めておりました。

自分の欲にかまけて己の田を肥やすことばかりを気にかけ、ナガタナガサキ(汝が田が豊かになりますように、汝が先に幸福になりますように)の心が忘れられてしまわぬよう、イノチかけて、このクニタマを創り、護ってくださいましたミオヤたちに、恥じないクニとなってゆけますように、と祈らせていただくばかりなのでした。

いよいよ、祖父、母に続いてきた、タカミムスビの譲りは私たちに託されたのでした。

私はトヨケカミ様が詠まれたウタを思い出し、何度も繰り返してみました。

すべてにて統《す》べたる術《すべ》を与ぇおく
その最奥の　岩戸は
言葉戸（いはと）

そうです。

すべてのミチの戸を開けるのは、ことのはでした。

アマテルカミが教えていただくのは、アメナルミチのためのトホカミエヒタメのヤハシラから成る言葉戸なのでしょう。

私は、アイフヘモヲスシのヤハシラからなる言葉戸、あわのウタで、この地上に生きるすべてのものとのあるべきようを和して生きていこう。


その夜、私は夢を見ました。

真っ暗な中にかすかにうなるような音がきこえはじめ
やがて、それが、大きくなって
ぶ――――んと響いて
盛り上がってきたとおもえば

そこから片側は右回りに
もう片側は左回りに
渦を描いてひろがっていったのでした。

その二つの渦がまわりながらたちあがり
向かい合わせになって
なお回りながら
ガチャンと音を立てて噛み合い
と同時に、目を開けていることのできない
ものすごい閃光

まるで、モモソ（百万）のイカヅチが落ちたかのような光がはじけて
そこから……
何かが現れてくるのですが
光がまぶしすぎて熱すぎて
見ていることができない
それでも
そこにあるものが何なのか、
見たくて見たくて確かめようとしていると……
柱、光の柱、のようなものが見え
やがてそれは棒のようなものに固まっていきました。

その光の棒を、
二つの渦が合わさる中心に差し込む
トヨケカミ様のお姿が見えたので
お声をかけようとしたところで

突然、
トヨケカミ様のとどろくようなお声が
「近寄ってはならぬ！」
と、割れんばかりに
響きわたって目が覚めたのでした。

参考ページ《縄文の頃にすでに記されていた驚異の宇宙観》（ミカサフミ・たかまなるあや参照）―アマテル・ワカヒメがトヨケカミより習った宇宙観

アメツチは、天地開闢まだならぬとき
宇宙創造のアメミオヤの生すイキが
きわなくうごきひろがっていくうつほのその中に
ミハシラができそれをめぐって二つに分かれて
軽く清くひろがっていく「あ」と
にこごりて重たくひろがっていく「わ」になっていき
そこからやがてクニタマ（地球）
ヒノワ（太陽）ツキ（月）もでき
ウツホ・カセ・ホ（火）・ミツ・ハニの五元素も生まれ
この五つが交わってすべてのものが生み出されていきました。

太陽のマワリ（直径）はモモソトメヂ
＊この頃の長さの単位
クニタマ（地球）の直径は１１４トメヂ
周囲の長さは３６５トメヂ

他の星の周りにくらべて、太陽は少し大きいので遅くて、３６５日。
ツキは重いのでさらに遅く１年で12に余り、13回太陽とめぐりあう。

これらの周期はヒトのからだにも影響を及ぼしている。

タカマノハラ（大宇宙）
周囲は１００万トメヂ　これを円周率で割り地球の半径58トメヂを引く
およそ15万８０００トメ（ソイヤチトメヂ）
ヒトのタマ（ミタマ）は、このタカマノハラの中心のアモトよりユキキノミチを通って、このクニタマにやってくる。
そして、クニタマに着くとき、タマはシヰ（欲）と結ばれて
タマシヰとなって、生きていく。
寿命が終われば、また、タマとシヰは離れて、
タマは一旦、アメノエナにてホシとなり
そののち、ユキキノミチを通って
またアモトに還ってゆく。

ハルタツヒ（春分）
フユイタルヒ（冬至）ヒヲ（一陽）が起きる

⑤ワカヒメの恋
——恋を叶えたマワリウタ

もくれんの　すがしおとこと　おもわれて
いもせをちぎり　とこをまじわる

……シラヤマ（菊理）ひめ語り……

その後、ヒルコヒメさまは、もとよりのカシコさと和歌の力を発揮され、宮中でも頼りにされ、ムカツヒメ・ホノコさまや御兄弟からも信望篤く、マツリごとのご相談なども受けて本領を発揮しておいででした。

或る時は、穂虫の大量発生で、田が枯れてしまったことを宮中に訴えてきたキシイの者たちへの返答にこまったムカツヒメさまに、みそふ（三十二）で読む祓いウタを授けて、そのウタを、お二人で、引き連れた女官たちに教えて、田を囲んで歌い、緋扇で田を扇ぐと、見事、そのウタの力で害虫を去らせることができたということもありました。

人々は、ワカヒルメ、つまりヒルコヒメさまの作られた和歌のもつ祓いのお力を口々に褒め称えたのでした。

………ヒルコヒメの回想………

私は、人々が、私の作ったウタで穂虫を退治したお礼にと、私のために新たに建てて献上してくれた、この、キシイの浦に出島となっている玉津島宮からの眺めがほんとうに気に入っているのでした。

ここからは、海が見え、潮風が感じられるからなのでしょう。

宮の前にある、ほどよい高さの小山からは、今ではワカウラと呼ばれているこのキシイの海が見渡され、穏やかに静かに光る水面と向こう岸を見ていると、かつて、ニシノトノでの、カナサキとエシナヅと楽しく過ごした、賑やかな子供時代やカナサキとの釣りの思い出がよみがえりもし、無性にカナサキの顔を見たくなってしまうのでした。

なぜだか、自分の思いとはかかわりなく、あちらの宮、こちらの宮と、移らなければならず、大切な人びととも、何度も別れてきた私の来し方であったけれど、それが、皇女として生まれた自分の役割とも思ってはいるけれど、トツグことも子を産むこともなくここまで来て、果たしてこれでよいのか、とも思われます。

いまは、私を頼りにしているソサノヲとて、やがては妃を迎えて、私からは離れていくことであろうし、よき縁にてトツギがかなわぬのなら、いっそ、この玉津島の宮で、生涯一人で、機織をしたり、ウタを詠んだり、琴を奏でて、気ままに生きていいてはならないものなのだろうか。

そんなもの想いに耽りながら、向こう岸に、たったいま空から降りてきたシラサギを見ていたときでした。

「ワカヒルメさま、宮中からのおしか（勅使）がおなりです」

おしか（勅使）……このたびは、何事であろうか、また、キシイを後にしなければならないのだろうか。

そう思いながらまかってみますと、そこには、たたずまいからして、直ぐなる気配が漂う一人の殿方がおいでになられていました。

私が、近くまで来たことを確かめて顔を上げられましたその面立ちは、なんとあらわしたらよいでしょうか……凛としていているのに、穏やか、一を聞いて十を知るような聡明そうな額と眉、何より、その瞳の静かで美しいのに、一瞬たじろいだことを、気づかれはしなかったかと、私は平静さをつくろいながら会釈をいたしました。

「ワカヒルメさまでございますか」

「さようです。

宮中よりお越しとか。ご足労をおかけいたしました」

「わたくしは、アマテルカミさまの左（カガミ）のオミ、アチヒコと申します。アマテルカミさまよりの御申しつけで、宮の造営をいたして居るものでございます」

そう、仰せられたあと、更に声を穏やかにされて、

「はじめて参らせていただきましたが、なんとこのあたりは、清々しい穏やかな

よきところでございましょうか」

そう、おっしゃられて、宮の欄干から海を振り返られましたそのときです。アチヒコと名乗られたそのお方の横顔に、サーッと、『あの』、微かな風のカミが通っていかれました。

その風こそは、早朝に、夕に、神籬《ヒモロギ》とさせていただく岩屋や大楠の前にてご挨拶を申し上げるときに、聞き届けていただけた標《しるし》として、御示しくださる、あの、特別な風であったので、思わず、私は、アチヒコ様を、あらためて、上から下までまじまじと拝見してしまったのにちがいありませんでした。

「いかがなされましたか」

穏やかに微笑むようにお尋ねになられる声で我に返ったものの、もはや、私の胸は勝手に高鳴って、アチヒコ様のお尋ねになられる、この宮の大風のあとの修復についての子細な質問に、どのように答えたか、気もそぞろでした。

私の様子をご覧になられて、

「これは、着いたばかりでいきなり性急にお尋ねばかりして、申し訳ないことをいたしました。

私は、このあたりの地形や、水の流れ、水はけの様子などしばし、時をかけてみて回っておりますので、ヒメさまのほうでお気づきのことなどございましたら、明日お伺いしますときにまた、あらためてお聞かせください」

そうおっしゃられて、お発ちになろうとされたので、私は、精いっぱいの声で、

「大変失礼をいたしました。明日はゆっくりと、このあたりで採れます珍しいもので、夕餉など用意をさせていただきお待ち申しあげておりますゆえ、どうぞ、お越しくださいませ」

と申し上げて、粗相のないようお送りしながら、お帰りになられるのが心残りで、さりとて、何も気の利いたこともお話しできそうもない自分が歯がゆくて、お姿が消えてしまわれてから、なんとも落ち着かない切ない思いに沈んでしまったのでした。

……シラヤマ（菊理）ヒメ語り……

伊勢のイサワ（伊雑）に宮を移し、アマカミとして、セオリツヒメホノコさま

とマツリゴトにいそしまれていたアマテルカミ様より、先の大風で、各地の宮に何か被害がなかったかを調べるようにとの詔で玉津宮を訪れたアチヒコは、かつてトヨケカミさまが、国中から集めて教育をされていた、クニカミやトミ、オミの子息の中でもひときわ、聡明で賢くあられ、アマカミをお助けする者として、早くから目をかけられてきていた方でした。

ワカヒトさまが八代目のアマカミとなられてすぐに、左（カガミ）のトミとなられ、イサワの宮の造営や暦の制定など、大きなハタラキをされておられている方でした。

……ヒルコヒメの回想……

桜の枝

あの方がお帰りになられてからというもの、何も手につかないのは、どういうことなのだろう。

あの方の目には、私はどう映られたのだろう。

これまで、どんな殿方にも、このような想いを感じたことはなかったのに。

どんな方でも、父君イサナキ様やカナサキ、トヨケカミ様の持たれるマコトの風格を感じさせるほどではなく、私からみて、なにか、胸ときめくようなものをお持ちではなかった。

それなのに、それなのに、今日のあの、お方はなぜ、あのお若さで、あのような落ち着きを身につけておいでなのか。

そして、何より、あのときの、あの風はいったい……。


ぐるぐるとあてもなく、同じことばかり、頭から離れてくれない。

このようなことではいけない。

どうしたらよいのだろう。

明日の夕、あの方はもう一度、ここにおみえになられる、ああ、夕餉の膳、そう、この土地らしい美しいものをご用意いたさねば……。

何をおよろこびになられるでしょう。

良い鯛はあるだろうか。

カク（蜜柑の一種）の実の立派なものも添えましょう。

ああ、そうだ、琴も奏でてお楽しみいただこう。

われながらあきれるほどに、そわそわと、浮き足たっている思いを収めようと、カタガキを打ち鳴らし、いたずらにつまびけども、ウタも思い浮かばず……。

このようなときは、いっそ何かむずかしいマワリウタでも一心不乱に考えていればいつのまにか夢中になって忘れてしまうのではないか。

カナサキのおとどとよく競って詠んだように、カミからもシモからも同じに詠めるウタを、うまく出来たなら、明日の宴でも披露してみましょうか。

タマツミヤ、ではじめてみましたが、うまく浮かばず、今度はキシイではじめてみました。

キシイヲバ

ばをいしき……

キシイより

りよいしき
キシイには
はにいしき
キシイこそ
そこいしき

そ、こいしき、こいしき……風がかすっていった、アチヒコ様の端整な横顔が浮かびます。

思わず、そのまま、詠み続けてまいりますと、やや、強引ではありましたが、するすると、マワリウタが出来上がっていったのでした。

それを札に書きつけてみれば、これはやはりどうみても恋しき思いの歌。

きしいこそ
つまをみきわに
ことのねの
とこにわきみお
まつそこいしき

このようなものをご覧に入れれば、殿方からは、尻軽な、はばかりのないヒメとしかみられないに違いない……そう思いながらも、心のどこかで、あの落ち着かれた、アチヒコ様が、このような歌をご覧になられたら、すずやかなお顔をどのように変えられるのだろうかと、知りたがっているのでした。

眠れぬ一夜が明け、枕元にある歌の札を眺めておりました私は、意を決して、宮の前の海を見下ろす、てんぐのやまに登りました。

……もしも、今朝、この春一番のサクラが開いた枝があったなら、思いきって、あの歌をあの方にお渡しして、ご覧いただこう。

ふと、そんな思いが浮かびました。

天にお任せをしつつも、胸の中では、この今が、千載一遇の時のような、せかれる気持ちを払拭することができず、私は、アメミオヤ様に祈る思いで、木々を見ながら上っていきました。

頂上の脇にある、私が好んでいる腰掛け石に近づくと、ああ！　なんということでしょう。

少し、肌寒いようにも感じられるのにもかかわらず、ちょうど、その左に並んだ三本の桜の木のうちの一本に、二日前に登ったときにはまだ、固く閉じていて膨らんでもいなかった蕾から、はじけるように、白にうっすらと色のついた、花びらが姿を現しているのでした。

思わず、両手を合わせ、目を閉じて、私は私の予感に従うことを決めました。

マワリウタ

長いような早いようなときを過ごしているうちにお約束の夕餉が近づいてきました。

宮をトトノエ、打ち水で清め、琴のネと香で内を清め、白妙に茜で染めた衣を羽織り、心を定めて、アチヒコ様をお待ちいたしておりました。

せめてもう一度、何かの兆しがお見受けできようかと、ご様子をよくよく拝させていただくつもりでおりましたのに、迷いの無い、静かな足音と、柔らかな中に確かなひびきのあるお声をお聴きしましたら、玉藻のように心が震え、しかとお顔をみることもできないふがいない私がおりました。

それでも、先年の秋の米からとれたみき（酒）の杯をおすすめし、キシイの海や四季折々の話などさせていただいて、少し打ち解けた心地で、宮中でのアマテルカミのご様子などもお聞きしておりますと、アチヒコ様のほうから、

「ときに、ヒメさまが、穂虫を去らせたというウタをお聞かせくださることはできませぬか」とウタについてのご所望がございました。

「それは、一種のまじないウタでございますから、このような席でご披露するのはと……そのかわり、もしも、よろしければこちらの歌をいただいてはもらえませぬでしょうか」

やっとの思いで、私は、忍ばせてあった、今朝の桜の枝とあのウタの札を、ア

チヒコ様のお座りになられておいでになる前へ、差し出させていただいたのでした。

ああ、なんと気の利かない差し上げ方でしょう。

もっと、さりげなく、お帰り際に忍ばせればよかったのに、これでは、アチヒコ様も気軽にご覧いただくわけにはいかない……

そう心の中で思いながら、アチヒコ様のお顔を見ますと、やはり、ためらわれて、手を伸ばされずにおいでした。

「これは……？」

「……」

ああ、何か、お気を楽にしていただけるような楽しいことをお話ししなければ、と気持ちははやるのですが、うらはらに、さらに生真面目に、

「どうぞお受け取りください」などと申してしまう私でした。

こうなればもう、ご覧いただくしかない、引くことならず、と、思いつめた私の顔をご覧になりながら
静かに、札に手を伸ばされて、詠まれたそのウタを
あらためてわが耳で聴いていまさらながらに、
これは大変なことになったと胸の内が震えてくる気がいたしました。

きしいこそ
つまをみきわに
ことのねの
とこにわきみお
まつそこいしき

(キシイこそ
妻を身きわに
琴の音の
床に我君を

待つそ恋しき）
＊どうぞこのキシイにいらっしゃい。
そうすれば私は
琴の音をお聞かせし
寝床ではいつも
恋しいあなたをお待ちしています。

そうです、私は、自ら求婚の歌を詠んで捧げてしまったのです。
顔がほてって赤らむのを感じながら、気丈に耐えておりますと
アチヒコ様もまた、
何かうそぶくでもなさられればよいのに
生真面目に
「私が思うに、
はしかけなくして（仲人がいなくては）

結ばれることはできません」
などとおっしゃられ
ウタをお返しになることも、そのまま何かよいお言葉をおかけになることもなさらずに
「待ってください。後で、ウタをお返しします」
と、さすがに、穏やかな微笑みから
初めて見る、張り詰めたお顔になっておいでなのでした。

オモイカネ（思い兼ね）の誕生

いわいうた　わかうらみれば　かなさきが
ふなべりたたき　うたぞよみける

……シラヤマ（菊理）ヒメ語り……

ワカヒルメ様から頂かれた思いがけない歌を持ち帰ったアチヒコ様は朝廷に上がり、そこにいらしたクニカミたちに、どうしたものかとご相談されたのでした。
そのとき、ちょうど居合わせられたカナサキさまが、ワカヒルメ様のお詠みになられた歌をご覧になられ、気を利かせ
「この歌は、カミからも、シモからも同じに詠めるように作られた回り歌。返し歌ならぬ歌でございます
この歌を贈られたからには、夫婦とならなければなりません」
と、

なかきよの
とおのねふりの
みなめさめ
なみのねふりの
おとのよきかな

自分が以前詠んだ回り歌を披露してその歌で嵐を鎮め、船を救ったと話したのです。

ヒメの恋心に加勢をされたカナサキさまは、自らハシカケ（仲人）を買って出られ、アマテルカミ様が二人の結婚の勅をお発しになられました。

お二人は夫婦となられ、ワカヒルメさまは、下照ヒメとの名を賜られましたが、アチヒコ様が、このご結婚のときに、思い兼ねられたご様子が、「オモイカネ」と、タタエ名になり、皆がお祝いになられたのでした。

………ヒルコヒメの回想………

桜の枝のお告げのおかげか、私はとうとう、この方、と思えた殿方と夫婦になることができたのでした。

夫婦となりましても、はじめのうちは、ぎこちなく、しゃれたことも言えぬ二人でしたし、オモイカネと呼ばれるほどにまで、アチヒコ様は、私と夫婦になることが迷われるのかと、不安な気持がありましたが、それは、私をお嫌いだったからではなく、やはり、アマテルカミのイロトであることや、呪い歌まで作ってしまうような、教えを受けている妻というのは重たいのではないかという躊躇であったことが、だんだんとわかってきて、安堵いたしたのです。

たしかに、私には、モノやひとの心が見えすぎてしまうようなところがあり、そういえば、幼い頃もそういう私を慮《おもんぱか》って目に麻布を巻いて、あまり見えすぎる目の力を弱めようとした付き人もいたのでした。

下心のある方やフタ心ある者にとっては、確かにそんな私はあまり居心地のよい相手ではないかもしれませんが、アチヒコ様はどこからみても、直く清いお方、不器用ではあられるくらいかもしれませんでしたし、逆に、アチヒコ様は、そういう私の力を頼りに思われ、ますます朝廷での任務がはげしくなられ、重大な決断のときには、いつも私の考えを求めてこられるのでした。

母君を失い、拠りどころだった私もここ、ヤスカワにトツギ暮らすいま、ネノクニ、サホコクニを治めるよう父君から言われても従わずにいるソサノヲが、父君といつか衝突されることが気がかりではありましたが、私はオモイカネと幸せな生活を送っておりました。

イサナキのヒミツ

しかし、ある日、夫、オモイカネが早馬を駆って、朝廷より戻って参りました。何事ぞあるかと、飛んで迎えに出たいと思ったのですが、私はそのとき、すでに長男のタヂカラヲを身ごもっており、日の高い頃はとくに気分が悪く、思うように体を動かすことができぬのでした。

このときも、立ち上がろうとした途端にえずきがはじまり、騒ぎの背中に手が伸びてきて、夫が私の背をやさしくさすりながら、申しました。

「イサナキ様が、トヨケノリなされた」

「……！」

怖れていたとおりに、ネノクニに赴任を進められたソサノヲは、父イサナキ様とたいそうな仲たがいをしたまま飛び出して行き、タガミヤに戻られたイサナキ様はすっかりお気落ちになられてしまわれ、病を負われてしまったとのことでした。

私たちがタガノミヤに着いた頃には、もう、父君は祠にこもられ、一人横になられておられました。

お人払いをして、夫オモイカネにもはずしてもらい、私は、祠越しに父君に思いを送りました。


「ヒルコでございます」

「……待ちかねていた」

「父君様、いかがなされました」

「情けの無いことだが、私はもう歳をとりすぎたようだ。

これからのことは、ワカヒコ（アマテルカミ）、と力を合わせ頼むぞ。モチキネ（ツクヨミ）、ハナキネ（ソサノヲ）は、それぞれの思いのままにやっていくことだろう。

このやまとくには、アマテルとシタテル、そなたたちでトノヲシエとアメナルミチを守り、伝えていってもらいたい。

ムカツヒメ、オモイカネ、も、心強き者たち、さすがに、トヨケカミさまの選ばれし者たち……」

「？　なんと？」

「ウエからの、仕組まれておいでじゃ」

「……ああ、あの風と、桜の花は……トヨケカミさまでございましたのか！」

「あの方に見込まれては誰も逃れることはかなわぬ。（笑）

　強引なお方じゃ、熱き思いのお方じゃ」


「……父君に一度お伺いしたきことがございました。」

「何であろう」

「母君とイサ宮にて夫婦神となられますまえに……お心を寄せたかたはおありでしたか？」

「何を……」

「抜けるように白いお顔と光り輝く黒髪と、不思議な、満月の明りのような美しい色の目をされた方……をご存知ではと」

「……ヒタカミでは」

「その昔、クニ中の者がハルタツヒに一番近い満月の夜、湖の周りをぐるりと囲んで座り、湖面に映る月を眺める慣わしがあってな、その時、空から降りてくる一筋の光に射られたものが、祭壇岩の裏にある祠に入って一夜を過ごすことになっておった……」

「……それで……」

「ある年、その、月見の祀りに、私はタマキネさま、つまりトヨケカミさまより招きを受けてでかけたのだ。

ヒタカミの人々と共に湖を囲み、大きな輪になってしゃがみ、湖面を観ていた私に……その光が降りてきた」

「……」

「……その時に見た夢じゃよ」

「そなたの腹の中におる、その子が、もしおなごで、美しい豊な髪の子であれば、その髪は生涯切ってはならぬぞ」
「そなたの髪を、切ることが忍びなくて、三歳の髪置き（前髪を切りそろえる儀式）の前に手放した……」
「カナサキはすべてを知って、承知してくれた」

「!?」
「アメのフシトシ（厄）の禊祓い……では……なかったのですか？」

「……イサナミのためでもあったのだ。
いや、それよりなにより、このクニタマとやまとのくにのためであったのだ。
これでよいのじゃ、
そなたは、トヨケカミさまの願いの通り、よきシタテル姫となってくれた。
やまとくにを……たのむぞ。
キツヲサネ、日と月の二つの恵みによって人は養われておる。

アメツチの恵み、日月のイデイルところ、それがキツ（東西）じゃ。

キツヲサネをととのえるあわうたをわすれてはならぬ。

ワカヒトが、アメのコトタチ・とほかみえひためを調えて降ろそうとも、この地上でそれを受けてキツヲサネをも正しくおさむる、あいふへもをすしがいなければ、つくす・やわす、のとこしなえよりの教え、トのヲシエがここにはたらくことはできぬのだ」

「やわす……」

「異なるものを活かし合いながら新たなものを生み出す力、それが、やわす、だ」


オモイカネが私を案じて戻って来る足音がしていました。

父、イサナキに別れを述べねばなりませんでした。


私は、足元がふわふわと定まらず、頭もぼーっとしておりました。

幼いときからうたい続けてきたあわウタのヨソヤオトがカタチとなって、あたり一面にチラチラと舞うように、降っているような気がいたしました。

つまごいの　よやあけぬれば　しらたまの

あけのみそらに　つきやどるらん

⑥言葉戸（いはと）をきわめて
――歌のミチ、琴のミチ、ネコエのミチ

……シラヤマ（菊理）ヒメ語り………

タヂカラヲさまをお産みになり、母ともなられたヒルコヒメさまは、オモイカネさまと　力をあわせて、朝廷のマツリゴトの中心として、アマテルカミさまを補佐なさいました。

お二人の御住まいであった、ヲウミ（近江）のヤスカワミヤは、臣の中で一番の智慧者と言われたオモイカネさまへのご相談にみえる方が絶えませんでした。

又、アマテルカミさまと、ホノコさまの御子、オシホミミさまを、イサナキさまが神上がりされてからは、オモイカネさまとシタテルヒメさま（ヒルコヒメ）で御養育されることとなりました。

………ヒルコヒメの回想………

ヤスカワ宮での毎日は、ただでさえ、夫、オモイカネのマツリゴトへのかかわりでいそがしいところへ、わが子、シズヒコ（タヂカラヲ）が生まれ、それに加えて、アマテルカミとホノコさまの御子、世継になる皇子を養育させていただくこととなりました。

アマテルカミさまの皇子、オシホミミさまへの、夫オモイカネの気遣いようには、いささか行き過ぎるところがあるのではないかと思うことがありました。

目をかけてほしいさかりのわが子、タヂカラヲでしたが、父親であるオモイカネは、オシホミミさまを重んじるあまりに、体も大きく力のあるわが子タヂカラヲが、皇子様をあやまって転ばせたりでもせぬかと、まるで疎んじてでもいるかのように対することがあるので、見かけは大きくても、まだ甘えたいさかりのタヂカラヲが、寂しげにする表情に胸が痛むのもしばしばでした。

また、アマカミといえども、ヒトの気持ちへの礼節、小さきものへの心配りなどは、幼き頃より覚えなければと、分け隔てなく、私が母として大切なことを教えようといたしましても、夫は、皇子様にそのようなことは必要ないとばかりにおもねるばかりなのも、心配なところでした。

タヂカラヲの下に三人の弟も生まれ、眠る間もない日を過ごしているある日、疲れからうつらうつらしておりますと、突然何ともいやな感じのする、冷ややかな風をあたりに感じ、鳥たちがギャーギャーと鳴き騒ぎ、胸の中がおそろしい予感で満ちました。

あたりが本当に真っ暗になる前に、夫のところへ、ただ事ならぬことがおきたに違いないと告げに走りました。

あたりがどんどん暗くなっていくのを感じ、屋敷中に松明を用意させ、子供たちを抱き寄せて目をつぶりますと、まさに祠に入り、扉を閉めようとしている弟、アマテルカミの姿が瞼の中にまざまざと浮かびました。

まさか！　トヨケカミ様より、あれだけ託された身で、いまトヨケノリのあろうはずがない！……いま見えた光景をそのまま、夫オモイカネに話して聞かせますと、夫は、さっと青ざめ、松明を掲げて、アマテルカミの宮があるイサワへと一目散に向かっていったのです。

このときは夫たちのはたらきで、いったんは、祠から戻り出たアマテルカミでありましたし、平和が戻ったかのようでしたが、兼ねてより荒れていたわが弟、ソサノヲが引き起こした騒ぎはそれで終わらず、こともあろうに、その後、アマテルカミの妃の一人モチコを中心にソサノヲの名を掲げたクニを揺るがすほどのハタレたちの大乱へと発展していきました。

それらを解決しようと躍起になるなかで、私たち夫婦の間でも、思いの行き違いが生じていったのでした。

詔を受け、根の国に去る前に、私のところに挨拶に来たいと申し入れがあったとき、宮中を追われる途中でヤスカワを訪れようとしているソサノヲの心の中には、まだまだ、朝廷への服従の想いよりも、先に罰せられて流されたモチコの無念や、兄弟でありながら、アマカミとしてのアマテルカミの力の大きさへの鬱屈した思い、父母への思いなどが渦巻いているのが、離れたところからも私には感じられておりました。

しかしそれより何より、私は、自分が身内の弟よりも、夫のヤスカワの宮を守るという姿勢を示さねばならず、威嚇のためにだけ、鉾《ほこ》や剣、矢羽や弓を用意させて、たいそうないでたちで弟を出迎え、ここが、彼にとっては決して安全なところではないことを伝えんとしたのでした。

皇女としてのはたらきをせねばと思う気持ちと、オモイカネの妻としてのはたらきとを兼ね合わすことはなかなか大変でした。

けれども、おきていることはおさめねばならず、ましてやソサノヲが関わっておるときなど見捨ててはおけず、私にとりましても苦しい日々となりました。

やむを得ず、頼まれるままにヒトの心を読んだり、本来は見えないところを見て、知恵を授けたりしているうちに、いつしか、かつて子供の頃に人々が奇異なる目で私を見たような、あるまなざしで、私を見るようになっていった夫の姿がありました。

私は皇女としてより、なるべく、夫をたて、夫の手柄となるように、何事も心がけましたが、そうすればするほど、見えない負担がかかるのでしょう、夫はヤスカワに北宮と南宮を設け、私が行う宮中の女皇子としての儀式に専念しやすいように、という口実で、私と宮を分け、あまり顔を合わせぬようになっていきました。

その後、何年にも及ぶ、流浪の苦しみの果に、ソサノヲが心の底より改心をして、おのれの想いのあやまちに気づいてくれ、みずから宮中に侘びを入れてきてくれた様子は、マコトさにあふれ、見違えるようなわが弟の姿に、私もよろこびの中で、イスキ（五弦）の琴を奏でて迎えました。

キズキの宮にて、クシイナダヒメを迎え、幸せに暮らし始めたソサノヲの姿に涙して、このちは、私もまた夫と共に心を合わせて、安らかに過ごすことができると思ったのですが、夫、オモイカネは、そのようなことは考えていなかったのでした。

「あなたはやはり下照ヒメとして　その琴をきわめ　お好きなウタなど詠んでここで過ごされるがいい」

そう言い置いて、オモイカネは、アマテルカミのお世継となられるオシホミミ様だけを連れてサホコやシナノの地にでかけてしまいました。

幼きときより、私の腕《かいな》で、タヂカラヲと共に育てた、わが子同然のオシホミミまでそのように引き離すとはと、さすがに私も涙を覚え、眠れぬ夜も過ごしましたが、皇子の後見として、マツリゴトに加わっている夫の心はここにはあらず、あちらに別宮を建てて整えたり、地元の有力者たちを引き入れるのにいそがしくされ、ますます私たちのあいだは遠くなっていきました。

私はヤスカワミヤに残りながら、夫の言葉通り、若いときに作ったようにあわウタを染め札にしたり、和歌の奥義をまとめたり、琴の曲をあてたりして過ごしました。

ネコエのミチは知れば知るほどに、奥が深く、すべての音は、身体にも、ものにも、ちょうどあてはまるものがあり、それがぴったりとはまると、そのものの本来の力がたち現れるのは面白いものでした。

力など入れずとも、どんな重たいものでも、巨大な岩でも動かしてしまうこともできるのです。

私はこの術をタヂカラヲに覚えさせました。

また、これを、カタチにして用いることもできるのでした。

けれども、その微妙な響きは、伝えようとしても、なかなかむずかしく、タヂカラヲもそこまでのことは理解できないようでした。

そんな私のところに、昔、キシイの田で、ホヲムシの大群を祓ったときのように、払いの方法を教えてほしいと、サゴクニのオオナムチより遣いが参り、私はまた、ホオムシ退治のための三十二音のウタを詠みました。

たねはたね　うすむぎさかめ
まめすめらのそろはもはめそ
むしもみなしむ

このたびもまた、再び、私の祓い歌を三百六十回歌うことによって、田は見事に甦りました。

その御礼にと、オオナムチは娘、タカコを、そののち、オクラヒメを、私のところに寄こして、奉公させたのでした。

そのタカコ、オクラヒメたちに、私は、ことのはやヲシテのなりたちを、たしなみや立ち居振る舞いを教えるのに加えて、だんだんに覚えさせ、そのうち、あわウタや五七の和歌の詠み方も教えました。

すべてのものは、ウタにすることによって、カタチが生じる、そのものの響き（波長）を発し、それは、声にだして詠むことで、ヒトの「タマ」のようにユキキノミチを通って、アマノハラにまで行くことができることを教えたのでした。

その琴の根（音）は
イサナキの　垣の葛打つ
糸すすき　これを三筋の

琴の音ぞ　形は花と
葛の葉ぉ　葛垣と打つ
五筋琴は　五臓に響く
ネヲわけて　わ（地）のぁわぅたを
教ゆれば　琴のね通る
五薄打ち　六筋の琴は
酔い眠る　大蛇に六つの
弓弦かけて　八雲打ちとぞ
名つくなり

若いオトメたちは覚えもよく、この娘らと過ごす日々は楽しく、歌合わせや琴合わせをしながら、私は、ネコエノミチの奥義やニウの技術も伝え、ハニ札を作り、それをもちいて札遊び（かるた）のようにしてあわウタを覚えさせる方法や、モトアケを用いて、病や身体を治す方法も伝えました。

そして、こればかりは、他の者にはできないようでしたが、響きを操作することで、自由に、離れたところへ行って帰ってくることなども教えようと試みました。

あわウタは、身振り手振りをつけて、琴の音とウタとに合わせて皆で舞い、楽しむこともいたしました。

いもをせ　《オトコのミチとオナゴのみち》

いつしか私も齢を重ねておりました。

その年の桜の花が咲き初める少し前に、私は、愛した玉津島にひとり移りました。

宮のまわりは、桜だけでなく、その前から咲き誇っていた紅や白の梅の花たちで埋め尽くされてそれは見事なものなのです。

ことに桜は、琴の音に敏感で、こちらが、ひとつの音の糸を鳴らすと、それに応じて、ハラリ、と花びらをよこすので、宮にいるあいだは、すべての桜が花を終わらせるまでは、終日、琴を奏でているようでした。

弟のアマテルカミも、この頃は殆ど宮中で、アメナルミチに沿ったマツリゴト、生き方をすることを人々に説いて暮らしているのでした。

おおんかみ
いくよもかけて　とのをしえ
おときあそばす　すがたうるわし

鉾や剣で争うのではなく、互いが、互いのちがうところをもちよって、和して生きることこそが、まことのやまとのミチであること。

そして、ものを大切にし、華美を慎み、飽食を慎み、いのちに適った生き方をすることが長寿の秘訣であることなども説いておられました。

作物がどんどん豊になり、オモイカネがヤスカワを中心にすすめた事業はタヂカラヲがさらに発展させておりましたし、トヨケカミさまがめざされ、カナサキやムナカタがひらいた海運と通商のミチも栄え、クニが豊かになっておりました。

そうなるほどに、クニカミたちの子孫は自分のシヰ（欲）を大きくし、トミタミも、それぞれに蓄えを増やし、それと共に起きたさまざまな諍いや争いをアマテルカミが収め続けておりました。

もとよりは、私同様、トヨケカミ様の血を継ぎ、アメナルミチを直々に教えられて学び、トヨケカミを慕い仰いでいたワカヒト・アマテルカミには、自分のための欲がなく、そうした争いを好まず、トの教えと、鉾と、鏡との、三つで治めるのに、鉾ばかりを用いていこうとする人々のタマの穢れを嫌っていたのでした。

そんなアマテルカミが、地上でアマカミとして、クニの争いごとをおさめ、詔を発していなくてはならないことは、気の毒に思われることもありました。

一度は、岩戸に隠れてしまったこともありましたが、それによって、光を失うこの地上の様子を見て、二度と自分の役目から逃れるようなことはしないと誓われ、ひたすらにクニの栄えとアオヒトクサたちが安らかに暮らせるためのマツリゴトだけを行ってこられたのでした。

そんなアマテルカミを目立たぬところで支えながら、私は各地に麻の田を作らせて、そこからあがる糸を様々に用い、桑やカイコの技術、染色や織物を女たちにひろめました。

また、これまでに知った和歌の奥義、琴の奥義もまとめあげました。

モトアケやあわウタをニフの方法でハニ札にしてひろめることもいたしました。

地上からはなれる日

やよみてや
まつぞいこいし　なかんかな
おおなみくだく　ともぬかずきぬ

私にも、そろそろ、タマをやすめるときがきたことを感じていました。

海をみても、空をみても、野山をみても、すべてがととのっている自然の理。

このような美しいすべてをくださったアメミオヤへの感謝がふつふつと湧いて

きました。

と同時にそれらを損なうことのないようとの願いもほとばしります。

思えば、いかなるときも、私には、これらの美しさを守ることが大切で、その美しさをことのはにのせてカタチにすることが喜びでした。

クニタマをこよなくいとしみ、この美しいクニタマをくださったおおいなるアメミオヤを仰ぐ私の思いは、遂に夫オモイカネや、ヒトの世やマツリゴトに夢中の殿方たちには理解のできぬ類のものであったのかもしれません。

このクニに生まれてから今日まで、どのようなことがあっても、ときには不理解の中に置きさられることがあっても、さからうことなく、自分の身の置き所をさがしてきたつもりでした。

もし、それでも、私にも人並みになにかとはりあうような気持ちが生まれることなどがあったとしたら、それは、大切なことを忘れて変わっていこうとする世の流れへのあらがいだったかもしれませぬ。

アメナル恵みを受け取ることばかりに懸命になり、人のみのこの世であるかのように、他の生き物や大地を汚し、その恵をどう用いるか、どう蓄えるかばかりに一生懸命智慧を傾ける人々。

クニが豊かになり、暮らしが豊かになることはよいことではありますが、そればかりにとらわれて、目に見えないもの、耳には聞こえないものたちの存在を忘れていっては、この地上はいつか荒れていってしまうのです。


アメナル世界と下なる大地の世界とをやわしながら生きていく調和から、ずれていかぬようにする力を持っている、やまとことはとネコエノミチ。

たとえ鉾を手にした殿方たちが忘れても、オナゴたちはしっかりと、見て、聴いて、子たちに伝えていかなければならぬのです。

生きとし生けるすべてのものには、そのもののウタがあり、調べがあるのを乱してはならず、すべてのウタと調和して、響きあっていくこと。

そのためには、聴きあえる、正しい耳と心を持っていなければなりません。

その、耳をトトノエ、イクラムワタをトトノエルための手だての四十八音（よそやおと）にならんだあわのウタ。

お祖父様、トヨケカミ様、父、イサナキ、母、イサナミ、ありがたきミヲヤたちが、心血を注いで私たちに遺してくださった宝物。


もはや、私は、この地上では、この体をもってなすことはないけれど、もしも、わたくしが、去ったあと、このウタの響きが途絶え、埋もれてしまうようなことあれば、私のタマは戻ってきましょう。

そして、響きを甦らせ、このチダマをとこしえなるいのちの調和のくにといたしましょう。


これからも、必ず呼ぶ者あらば力を貸します。

天地（アメツチ）やわすための願いを持つ者、思いのある者の呼ぶ声に……。


イトススキが風に揺れ、琴の音のように響いています。

ああ、あのオトは

カナサキの奏でるイスキのオト
イサナミさまの奏でたカタガキのオト

あかはなま
いきひにみうく
ふぬむえけ
へねめおこほの
……
もとろそよ
をてれせヱつる
すゆんちり
しゐたらさやわ
……

甑岩神社正面

あめつちをやわするあわのウタ、
代々にこだましてひびきます。
今宵は満月。
あの日見たと同じような、うつくしい白い光が降るのでしょう……。

のちの語り

玉津島宮にて、和歌の奥義と琴の奥義をそれぞれ後継者のタカコヒメ、オクラヒメに託したのち、幼いときを過ごされたヒロタ宮にも近い大きな祠にて、ご自分もトヨケノリをされることを決められたヒルコヒメことワカヒメさまは、和歌のミチ、琴のミチ、丹生のミチを授けられたヒルコヒメ様を慕う女御たちを集め、ひとりひとりに麻で編んだしるしをおあたえになりました。

そののち、

甑岩神社

ワカヒメ祠

あわうたをみずから
謡われて
手振りをつけて
舞いながら
最後に満月を振り返られてほほえまれ、
ゆっくりと岩屋の中に入って行かれたそうです。

岩屋の中からは
ミトセを過ぎてもヨトセを過ぎてもコエが響いてくることがあり
アワウタだけでなく
かつて、オモイカネさまに歌われたあのマワリウタも、ときおり響いてきたので、
それを聴いた人々は
ワカヒメ様がほんとうはいまもオモイカネ様を待っておいでなのではないかと

きしいこそ
つまをみきわに
ことのねの
とこにわきみお
まつぞこいしき

の「こいしき」、をとって、そこを「こいしきのいわ」と呼びました……。

としをへて　こえししじまの　なみやらで
いとしきひとを　まつぞこいしき

【完】

※このお話は資料を参考にしてまとめた「お話」であり、物語性のために敢えて資料とは変えたところもあります。

【参考文献リスト】

「秘められた日本古代史　ホツマツタへ」　松本善之助著　毎日新聞社
「ホツマツタヱ」　和仁估安聰訳述　日本翻訳センター
「新訂ミカサフミ・フトマニ」　池田満　展望社
「よみがえる縄文時代　イサナギ・イサナミのこころ」　池田満　展望社
「ホツマ辞典」　池田満　展望社
「言霊アワ歌の力」　石田英湾　群馬マクロビオティックセンター
「古代史ホツマツタヱの旅　第一巻」　いときょう　東神商事ホツマ出版部
「アワウタで元気になる」　宮﨑貞行　文芸社
「古代文字の気功治療」　片野貴夫　朝文社
「ミカサフミ　ワカウタのアヤ」　河口浅間神社御師本庄家所蔵
「玉津島神社ご由緒」　遠北明彦（玉津島神社　宮司）
「新説　ホツマツタヱ」　宮地正典　徳間書店
など

巻末資料篇

《河口浅間神社、御師、本庄家より見つかった「ミカサフミ写本」》

本庄家に伝わる天照図（『ホツマツタヱ』に登場する、ソサノヲを武装して迎え待つワカヒメ？）

《富士山河口浅間神社御師本庄家にて発見された『ミカサフミ』写本》
協力：本庄元直氏

『ミカサフミ　ワカウタノアヤ』写本　漢字文書名『秘書　神代和字（全）』
＊本庄家：「梅谷」の屋号を持つ、千年の歴史ある河口浅間神社御師。代々、神職として続き『甲斐国史』にも記載。

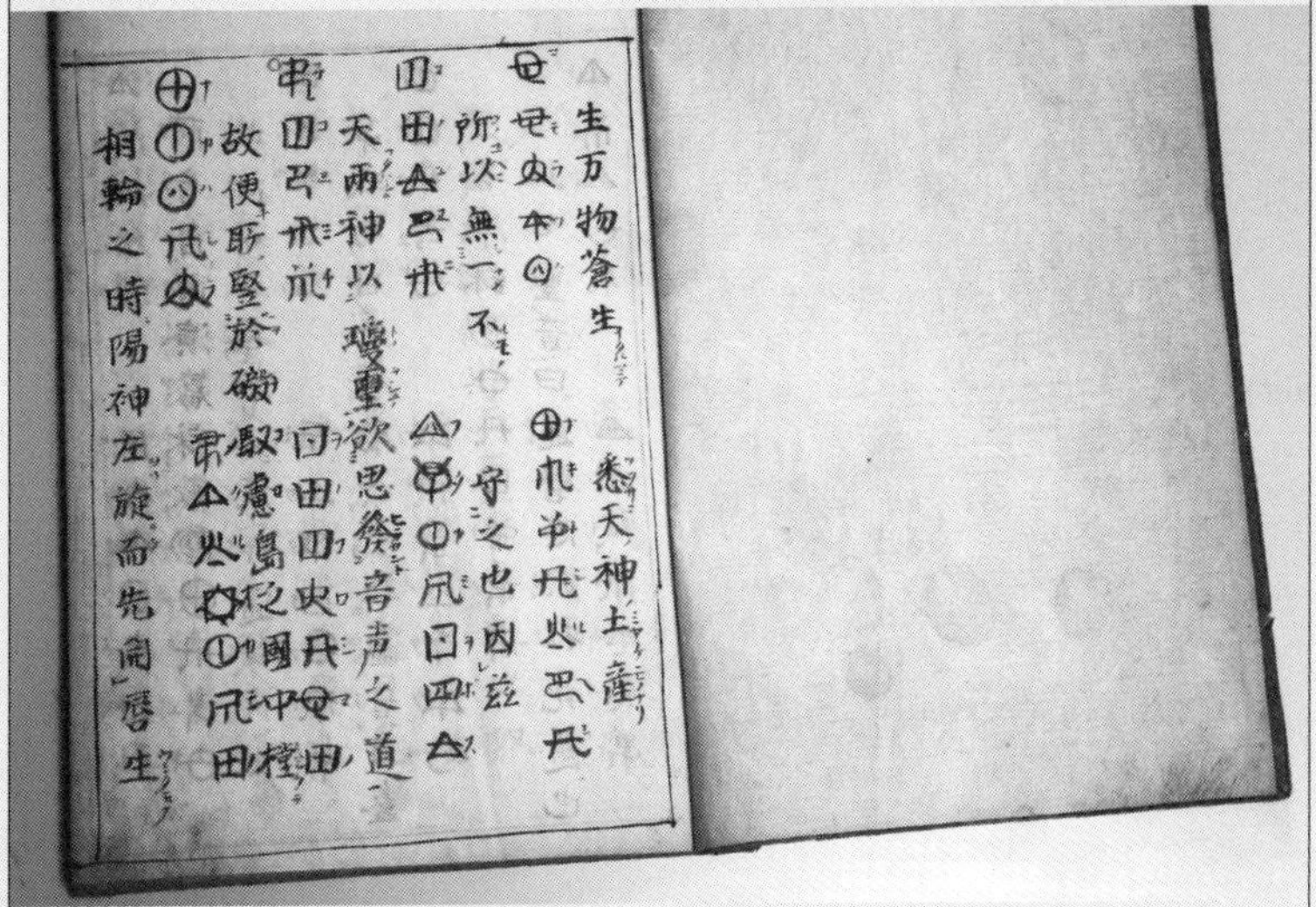

守らんは　無きと知るべし　このゆえに　二神仰す　音声ミチ　おのころしまの　中柱　巡る男神の

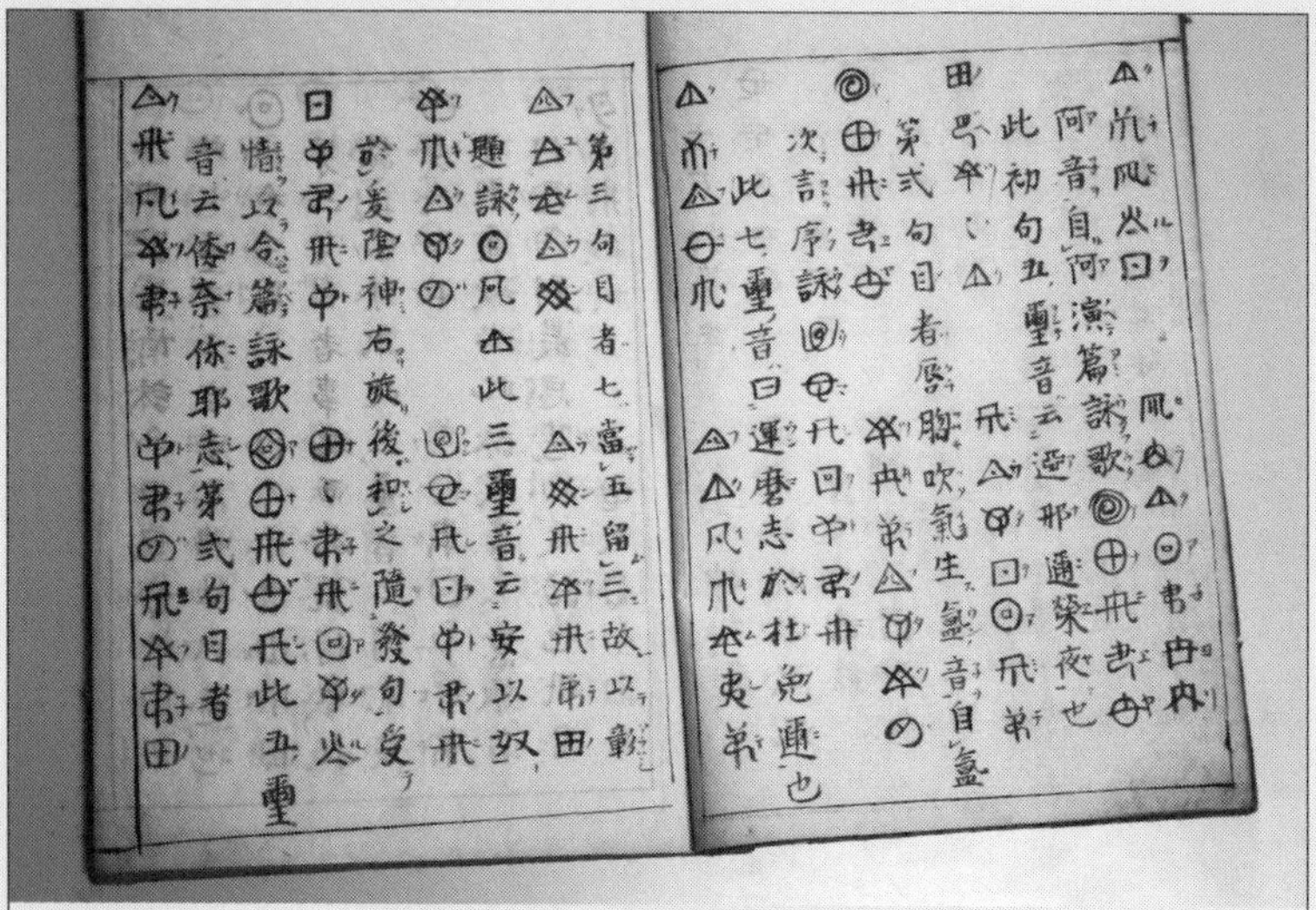

（右）くちびるを　開く天音より　述べ続く　御歌を編みて　アナニヱヤ　次いで二つは　口塞ぎ　吹く息漏れて
（左）フスムウン　うんに継ぎ手の　月歌は　ウマしヲと音に　乙女にと　七声に当る　ウに五音　止めの三つ音は

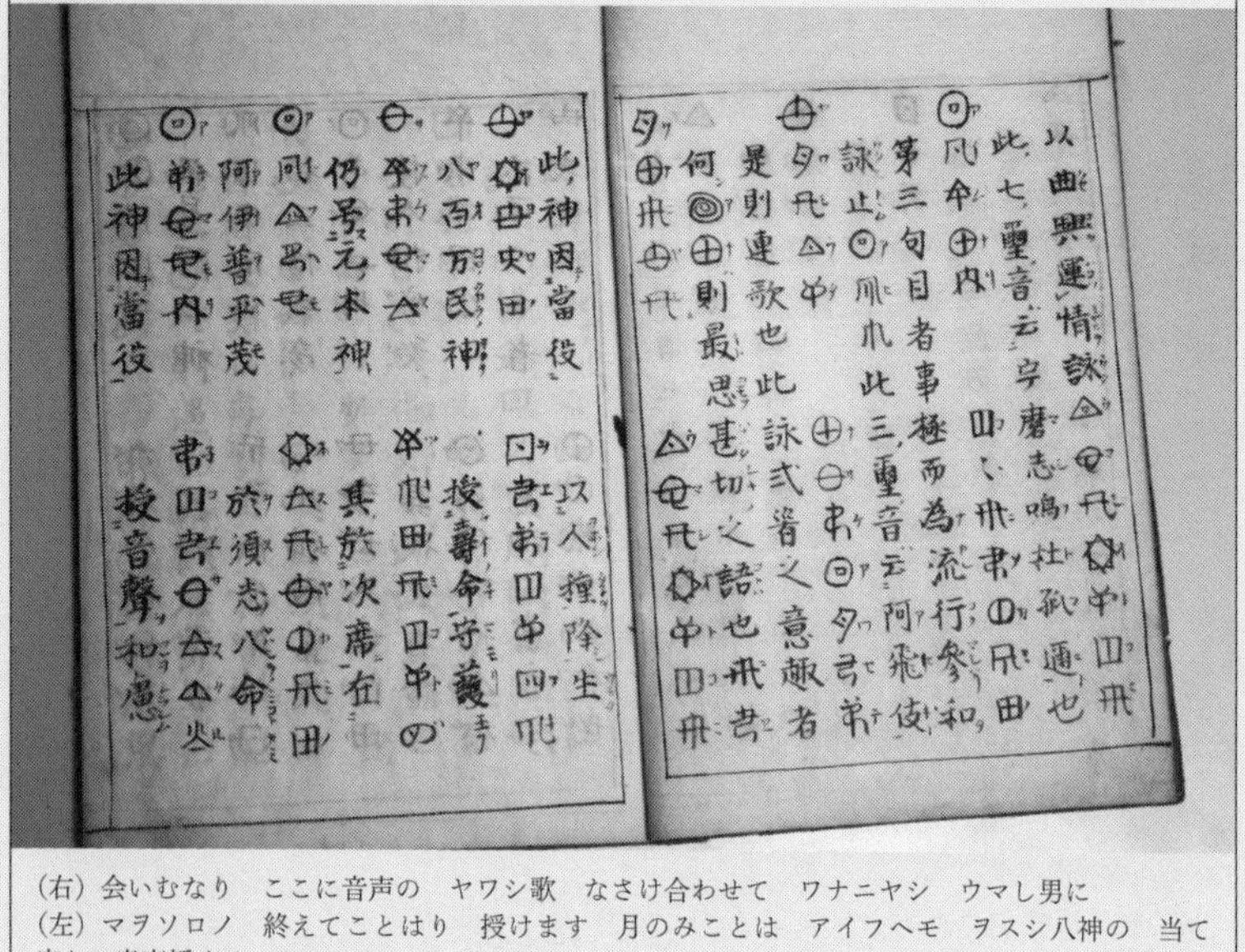

（右）会いむなり　ここに音声の　ヤワシ歌　なさけ合わせて　ワナニヤシ　ウマし男に
（左）マヲソロノ　終えてことはり　授けます　月のみことは　アイフヘモ　ヲスシ八神の　当て守り　音声授くる

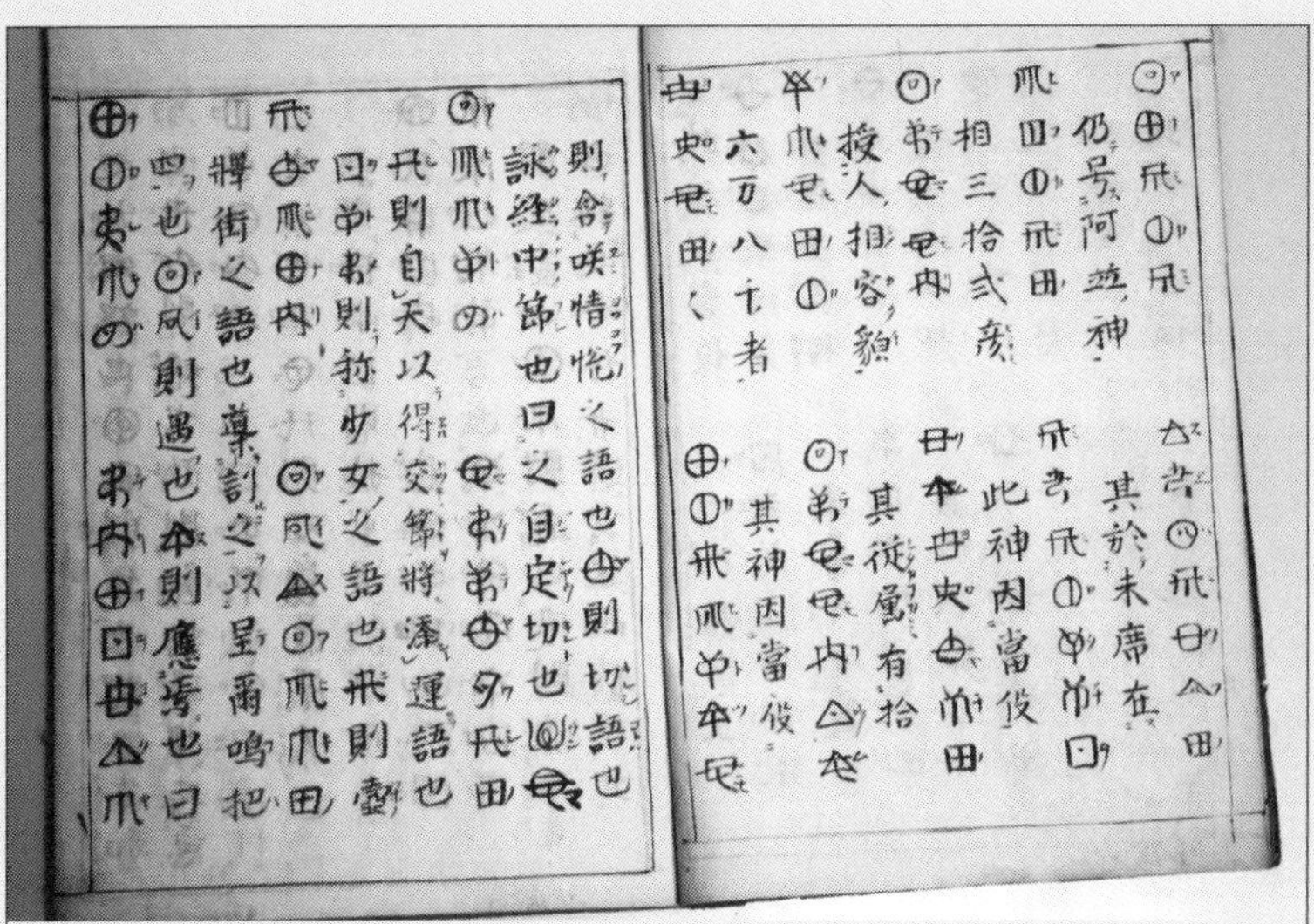

(右) 天並神　末は三十二の　ヒコカミノ　見え御カタチを　当て守り　十六万八千の　つきものが　当て守り生む　万者の　中にひとつも
(左) 会いきとは　まけて和しの　雅なり　会いぬ会いきの　ナカレキは　けりなお良くき

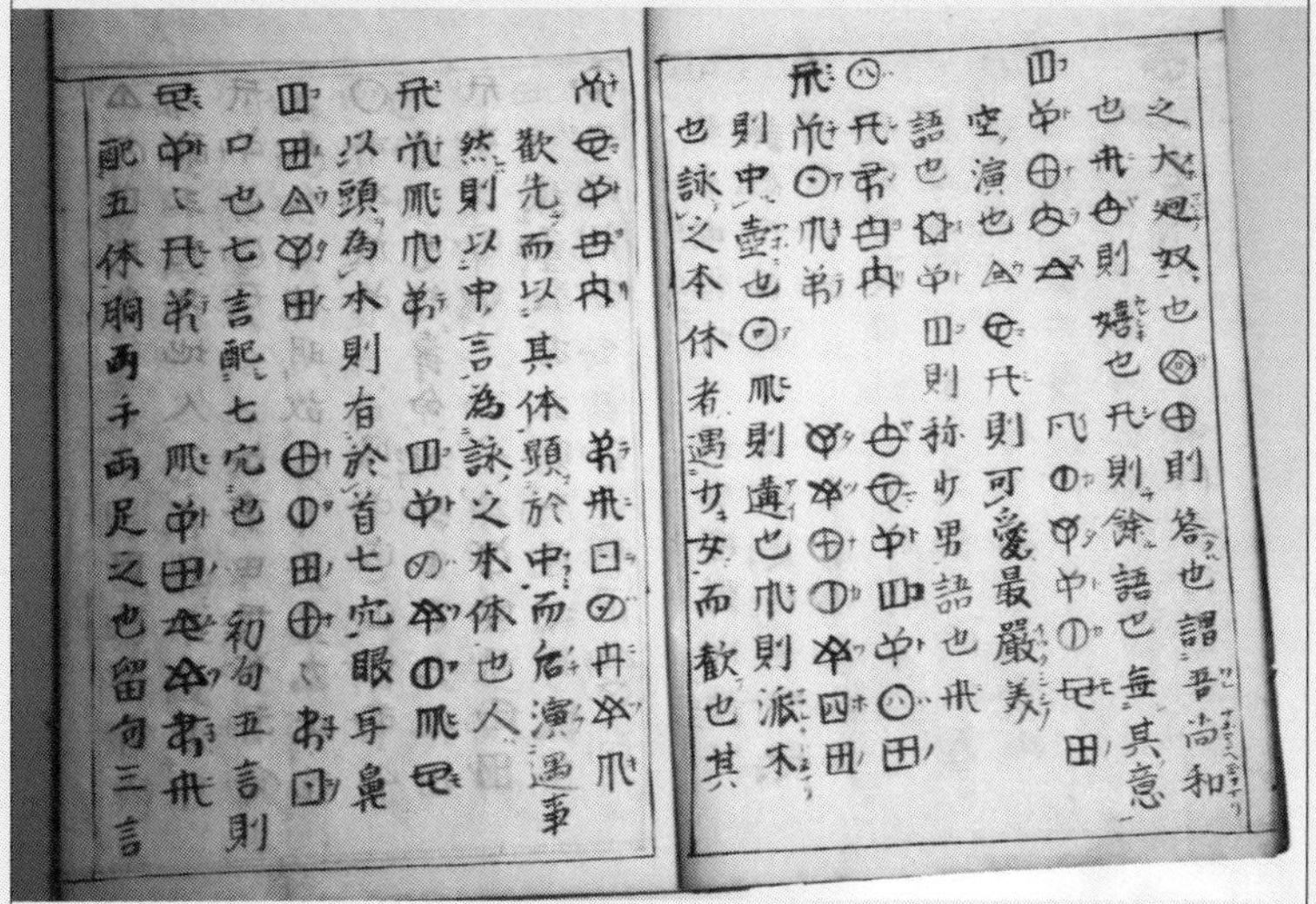

(右) 異ならず　筏と鴨の　始めより　やまとことはの　道開きて　立つ中壷の　千窓より　テニヲハに継ぎ　導きて
(左) ことは遣いも　この歌の　中の七音を　元として　人の六音に

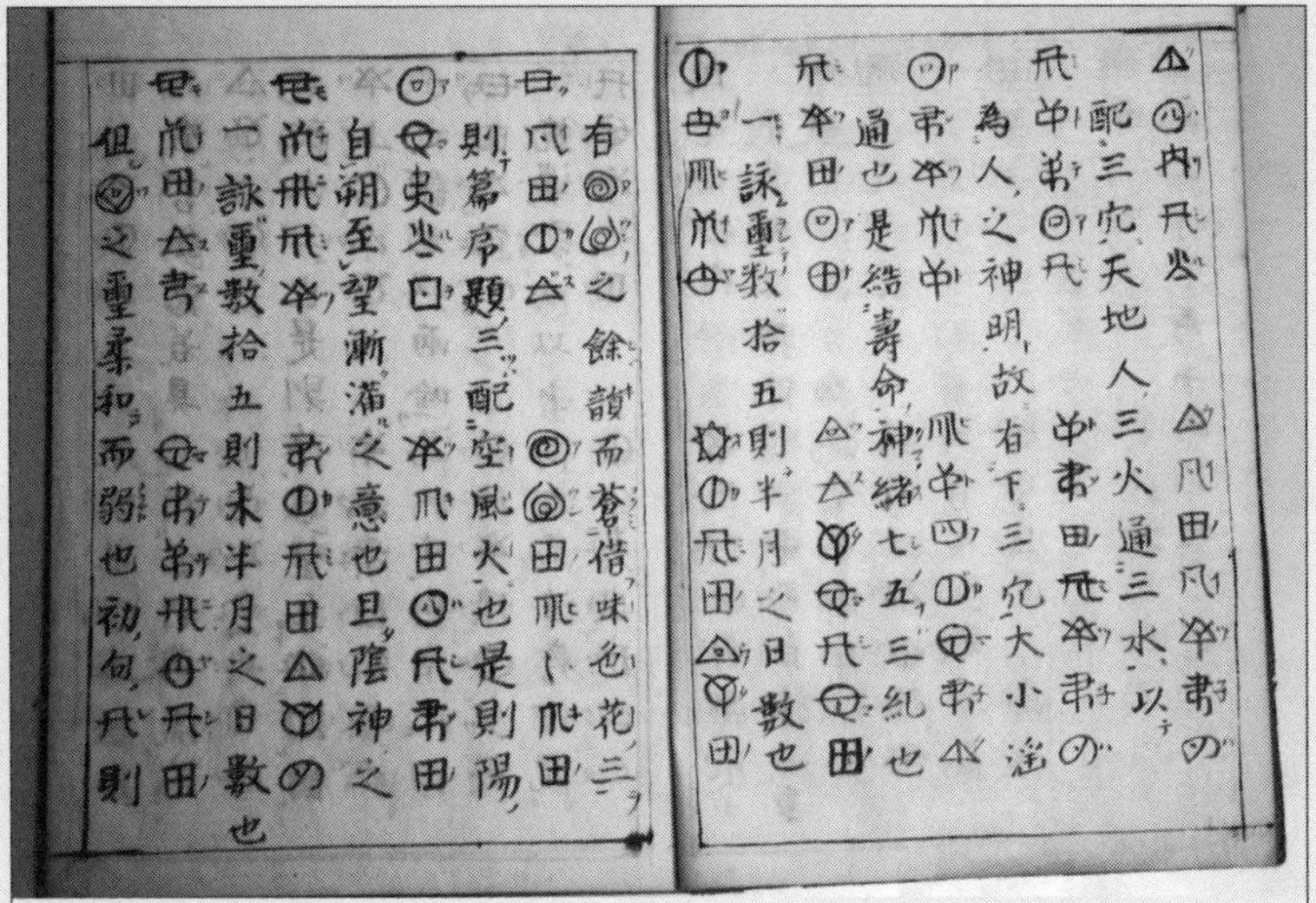

（右）配り知る　初の五つ音は　身と手足　止めの三音は　あめつちと　ひとはあまねく　みつのあな　大小玉門の通い路や　男神のうたの
（左）十五の数　あうの響きの余れるを　月の始めの　望に満つ　女神のうたは望の末　まげて柔和しの

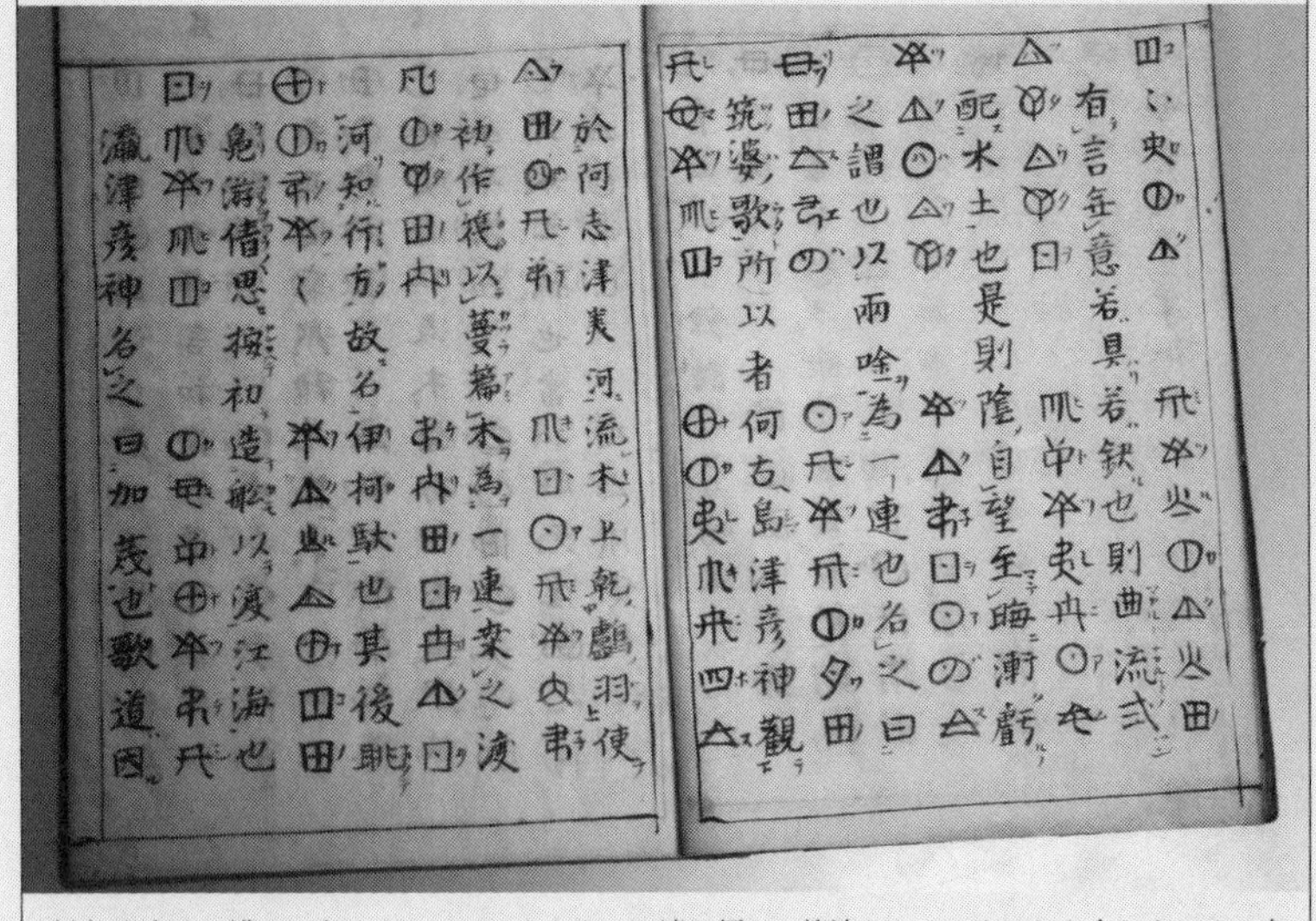

（右）心欠く　満つる欠くるの　フタうたを　一連に編む　筑波うた　つくはねを合わす　その末は　葦御津川の　島津彦　流れ木にほす
（左）鵜の羽して　木を編み連ね　筏乗り　蹴りの泳ぐを眺めつつ　造る船子の　興津彦　鴨と名づけし

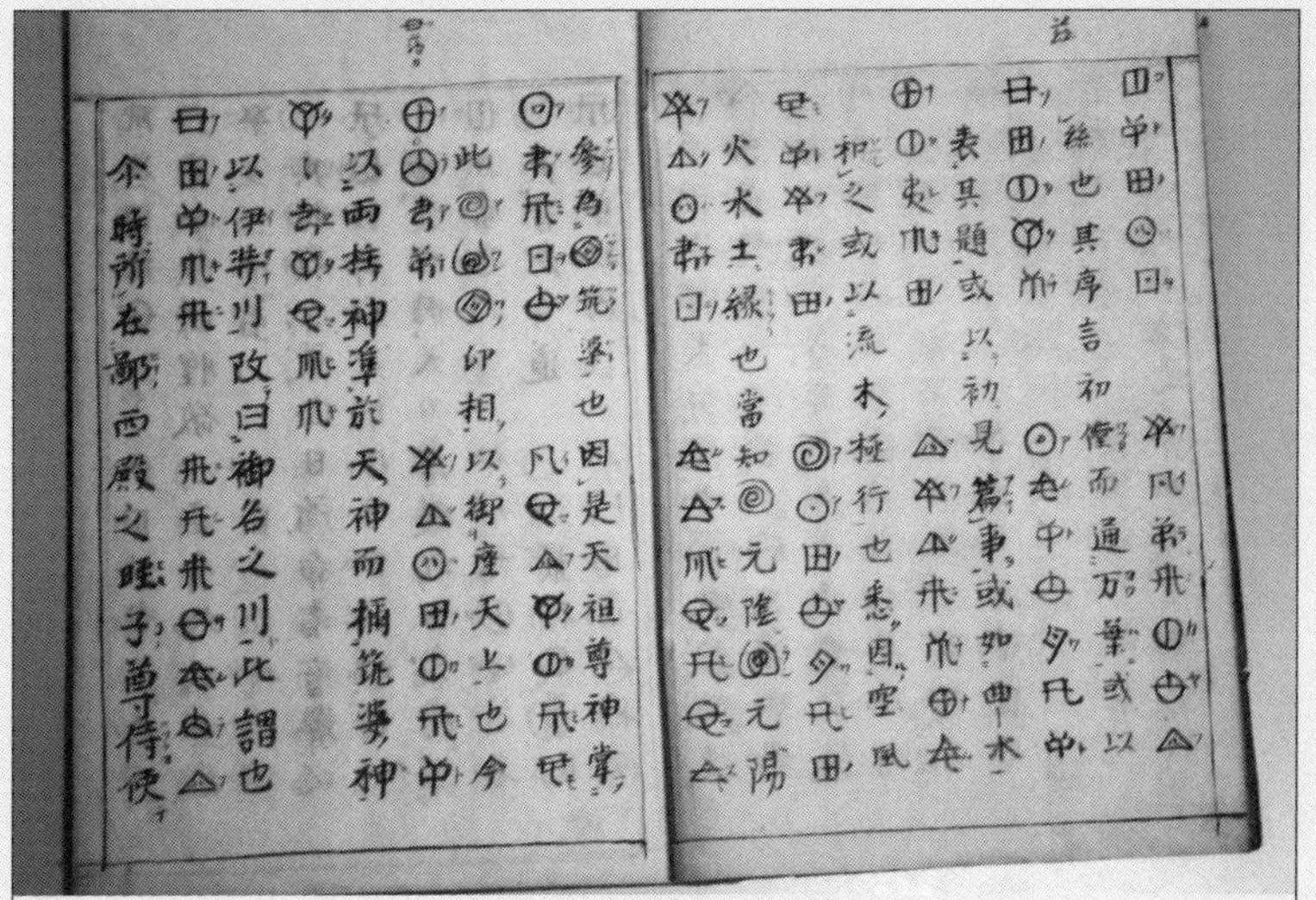

(右) 言の葉を　ついてに通うその形　編むとヤワシと　流れ木の　ふつくにちなむ　もとつ音の　あうのやわしの　つくはねを　結びまします
(左) アメミオヤ　いまフタ神も　なぞらえて　筑波の神と　称えた給いき　そのときに　日に侍う

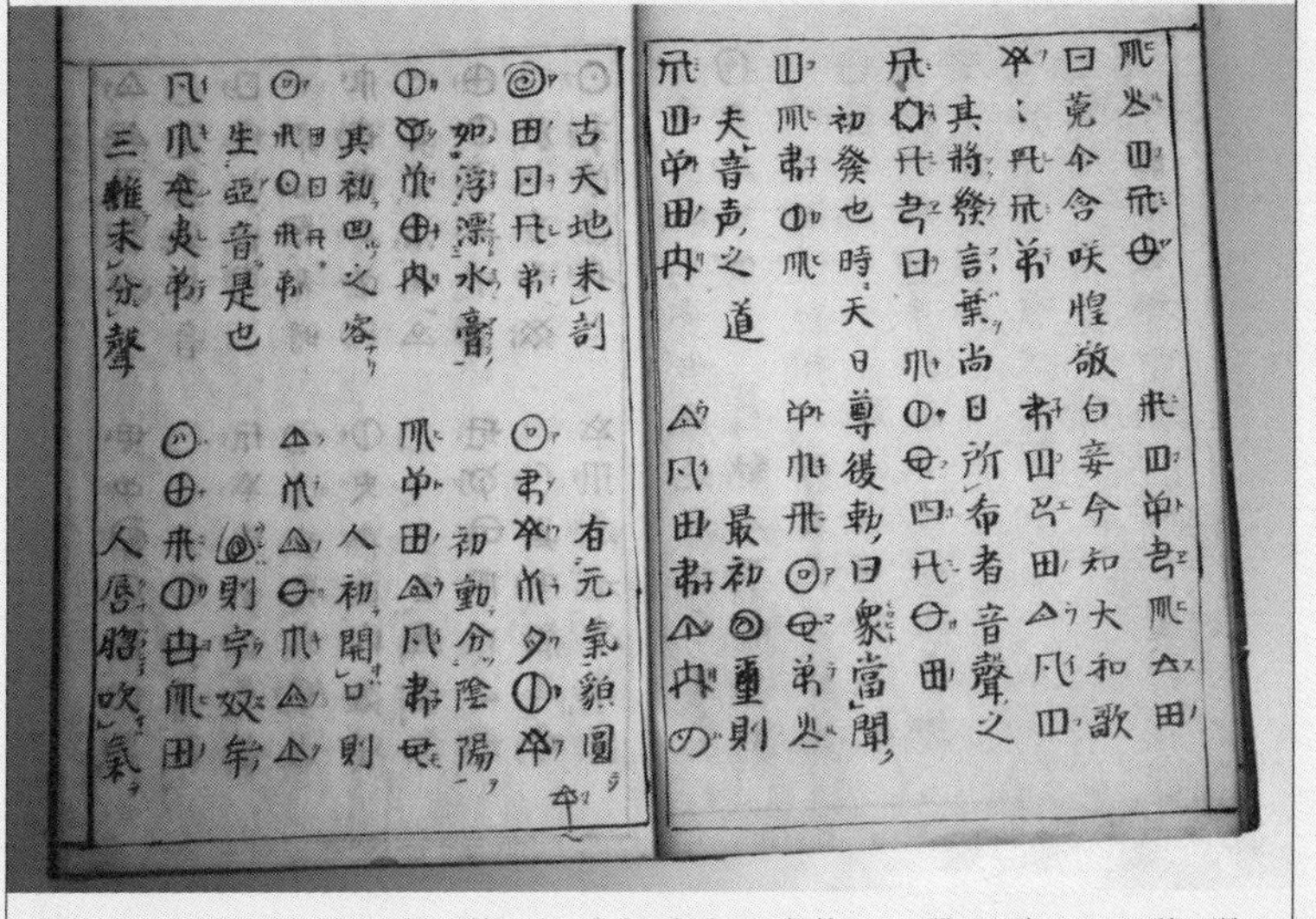

(右) ヒルコ宮　みこと恵比須の　慎みて　音声の初生子　御教えを　聞かま欲しさの　請い願い　時にアマテル　みことのり　初生の巡りは
(左) あのヲシテ　あめつち分かつ　形なり　人の初生音も　あのヲシテ　口塞ぎ吹く　息蒸れて　鼻に通いの

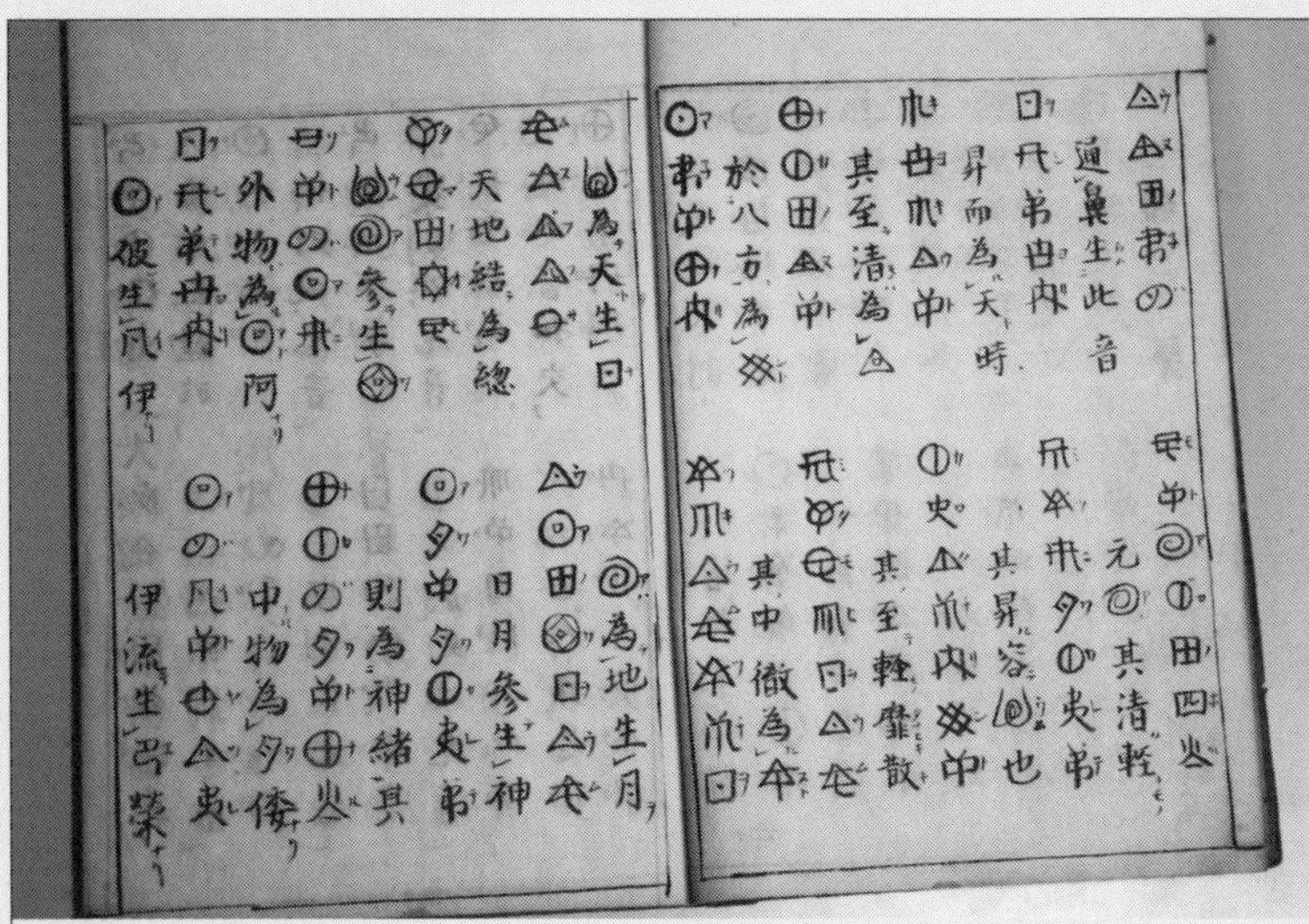

(右) うぬの音は　モトアカ昇る　ヲシテより　三つに分かれて　清きウと　軽く散りんと　中のヌと　みたま日を生む　天音となり　月生む地を
(左) 結ぶ房　ウアのワを生む　魂の緒も　天地と別れて　外は天に　中は地となる　ヲシテより　アはイと分かれ

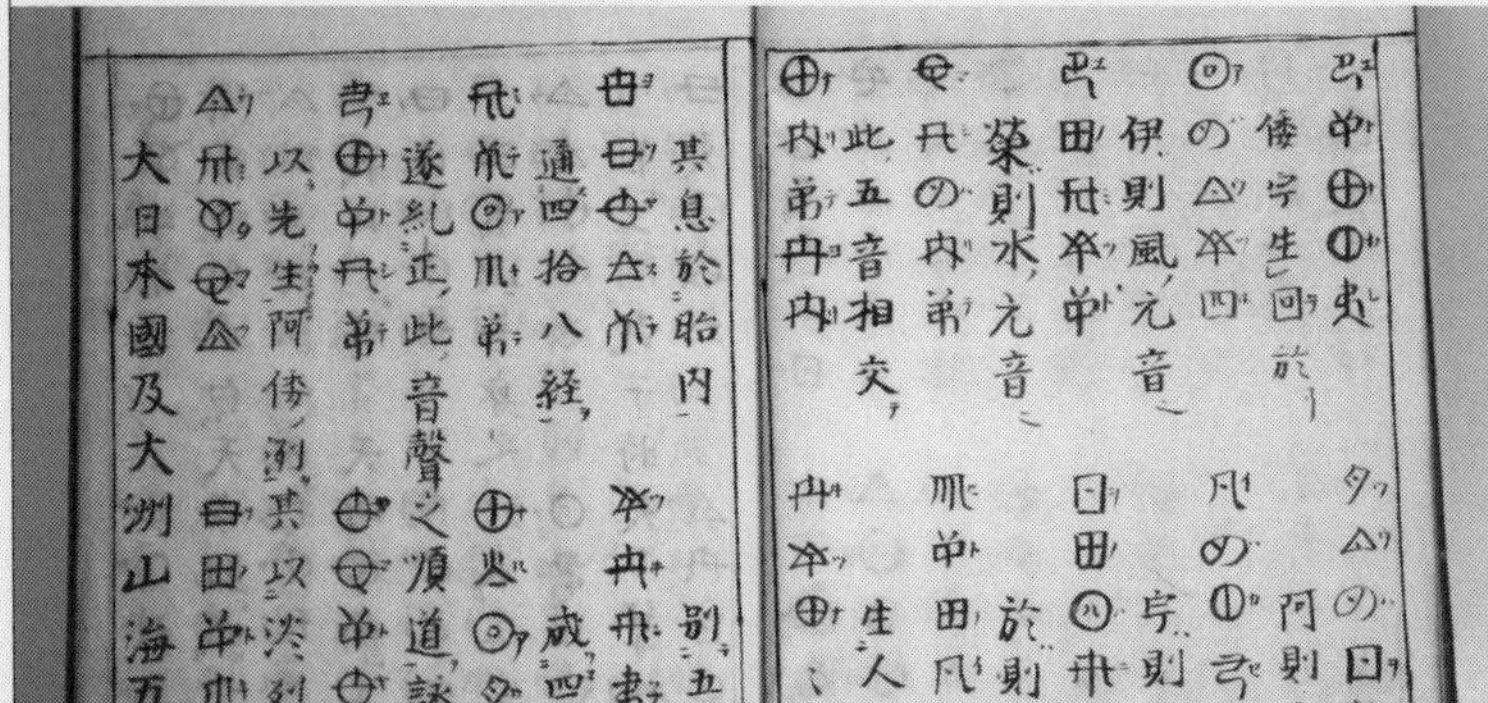

(右) ヱと流れ　ワウはオとなり　アはうつほ　イは風　ウは炎　ヱの水と　オのハニ五つ音　まじわりて　人の息栖と　なりている　五七分けて
(左) 交わりて　終に音声の　道開きて　生る天地クニを　胞衣として　やまとヤシマを　生み賜う　そのときヒルコ

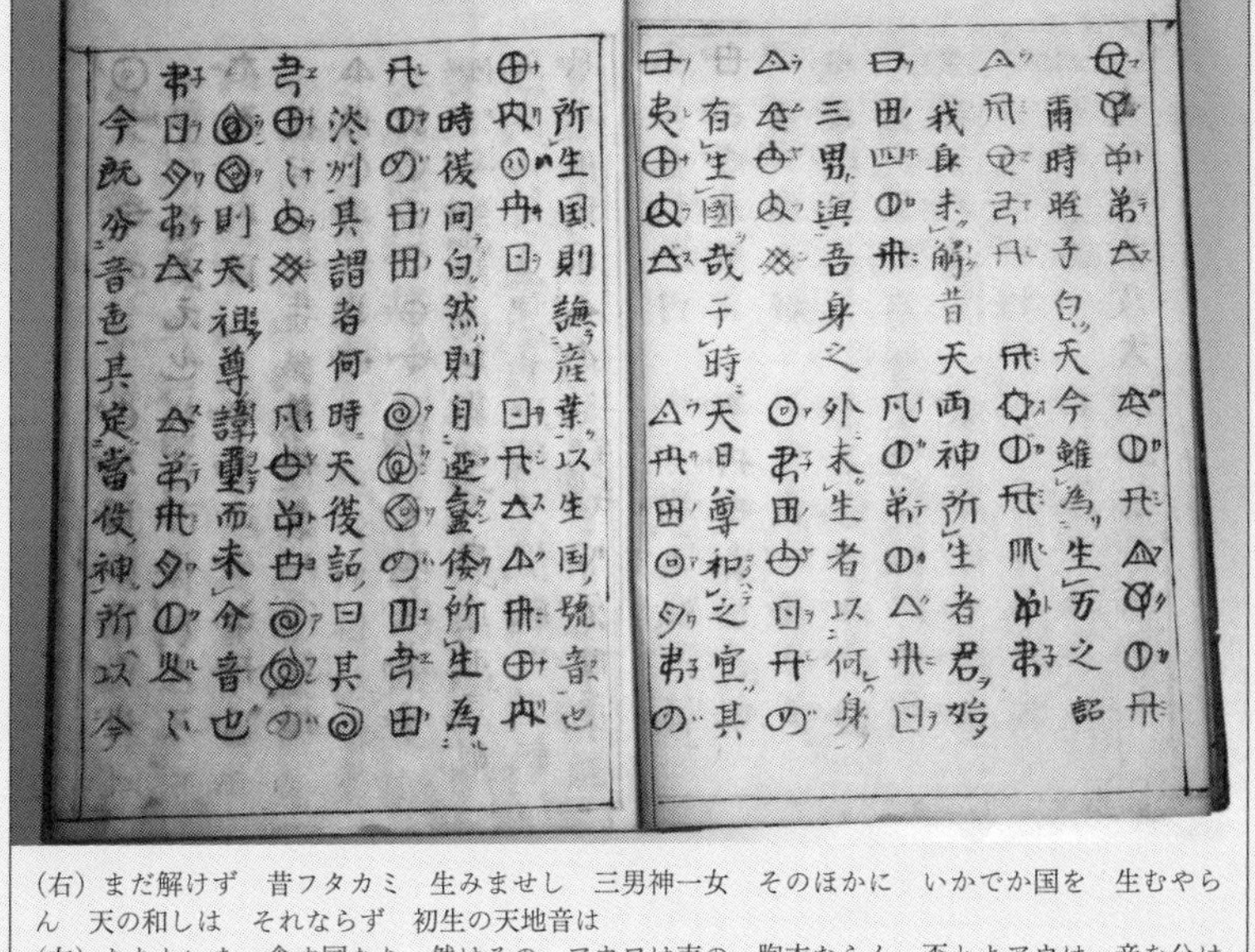

(右) まだ解けず　昔フタカミ　生みませし　三男神一女　そのほかに　いかでか国を　生むやらん　天の和しは　それならず　初生の天地音は
(左) なりわいを　食す国なり　然はその　アウワは声の　胞衣ならん　否とよアウは　音を分けず　すでに分かれる

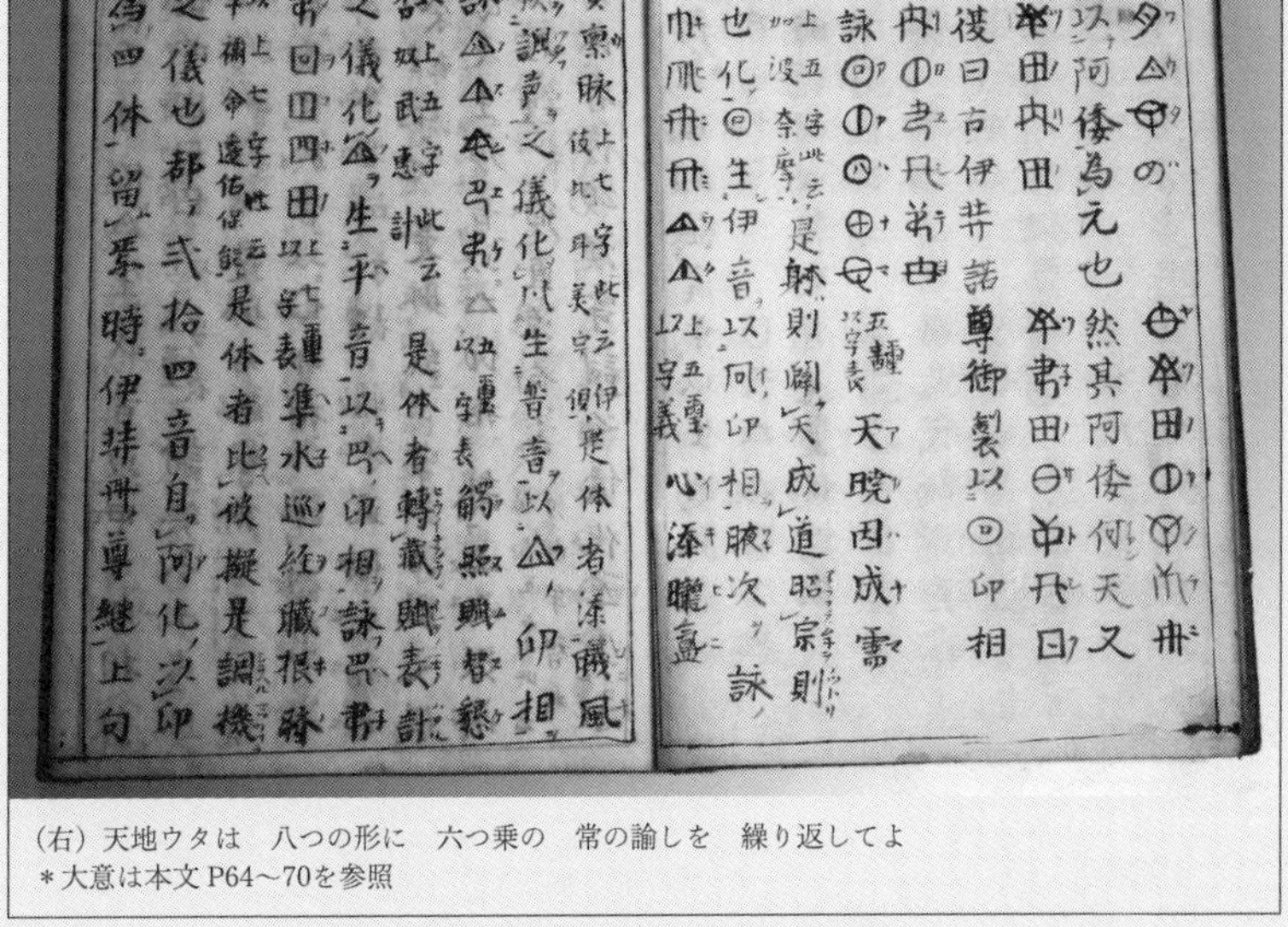

(右) 天地ウタは　八つの形に　六つ乗の　常の諭しを　繰り返してよ
＊大意は本文 P64〜70を参照

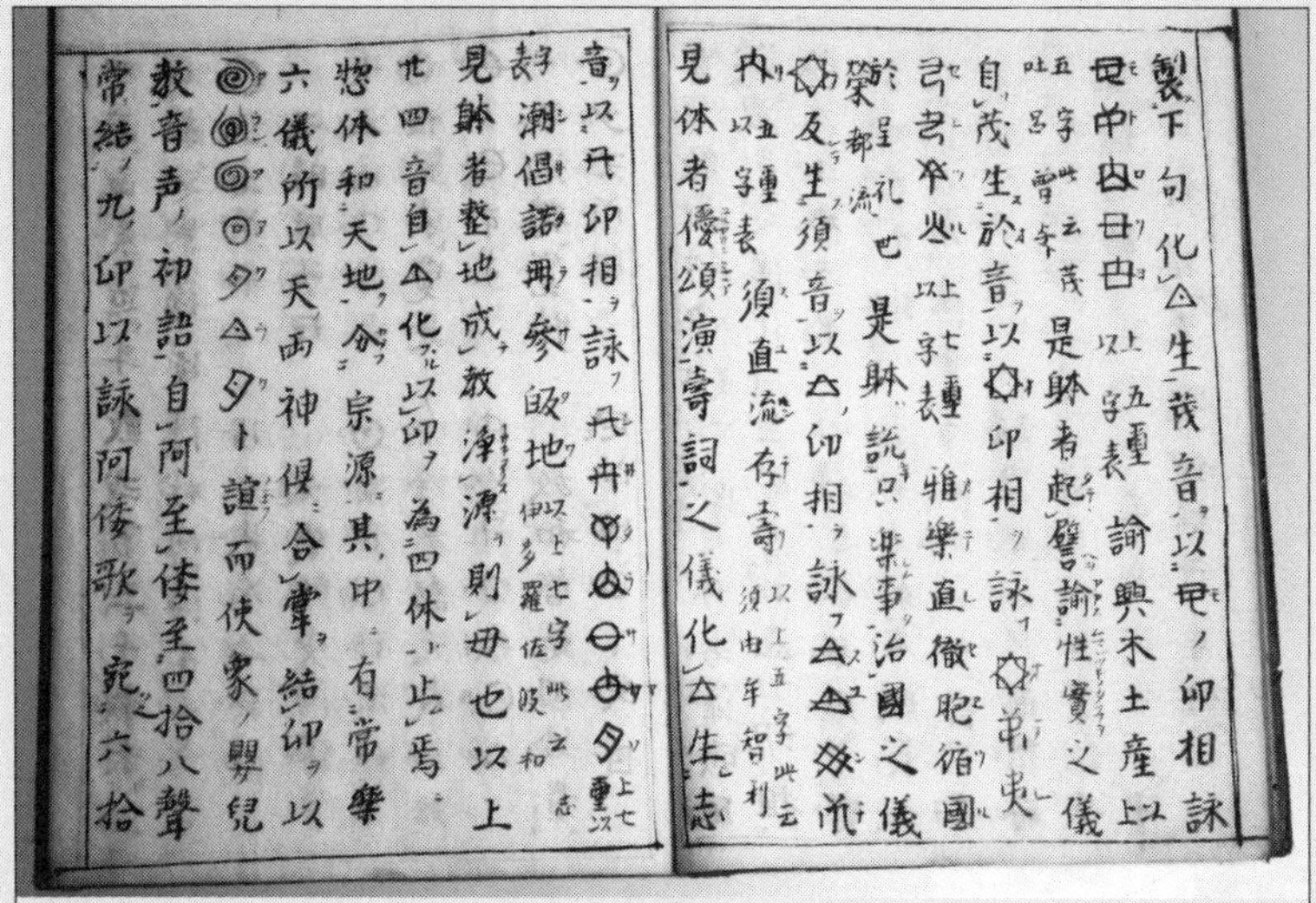

＊あわのウタについての説明（本文 P57から60参照）

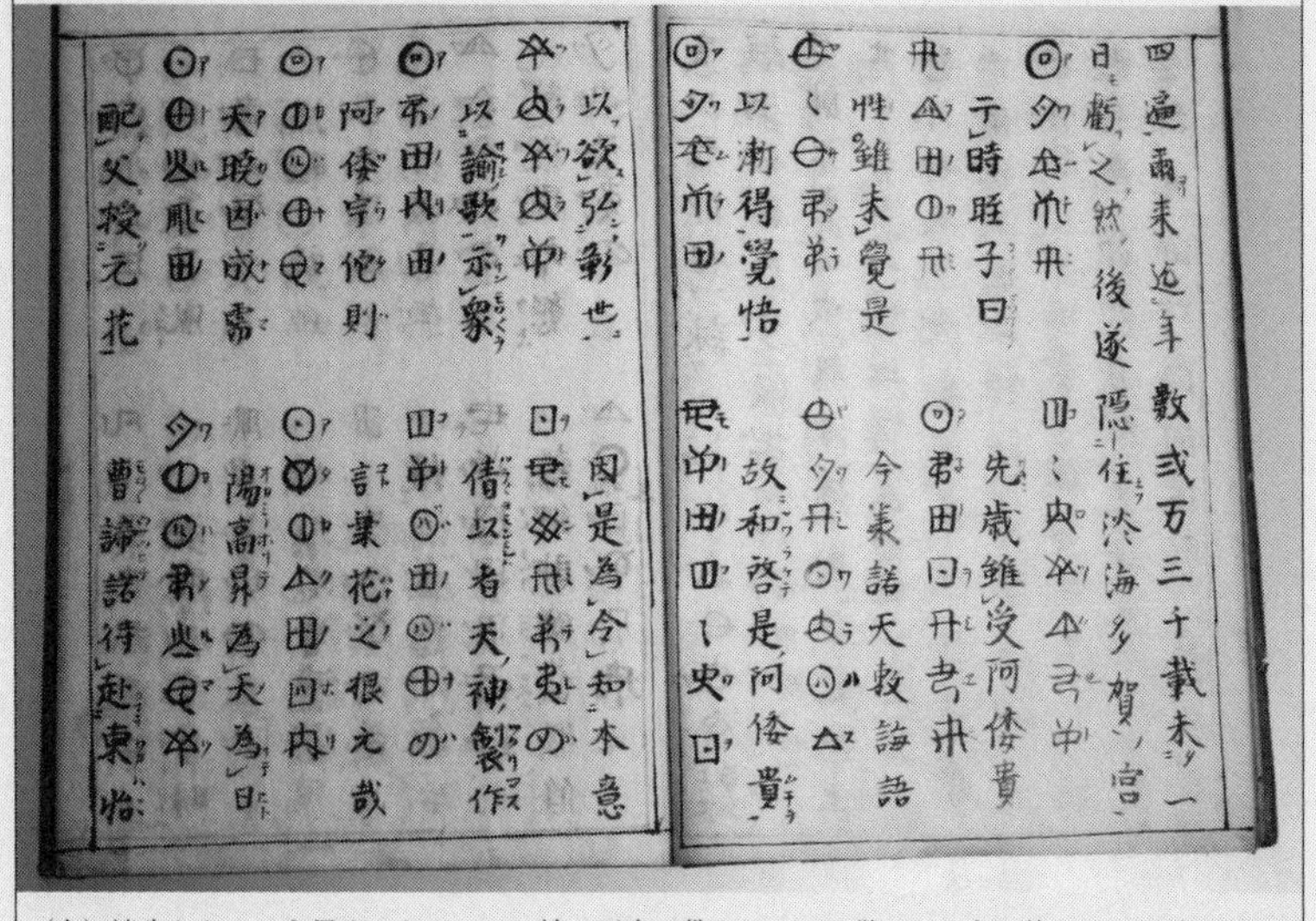

（右）淡生むちに　心尽くせと　にぶの神　天音の教えに　やや覚めて　和し笑わす　天地むちの元の心を
（左）つらつらと　思惟んてみれば　天法の　言葉の端は　あかはなま　天高く昇り　天成る日の和歌は練る待つ

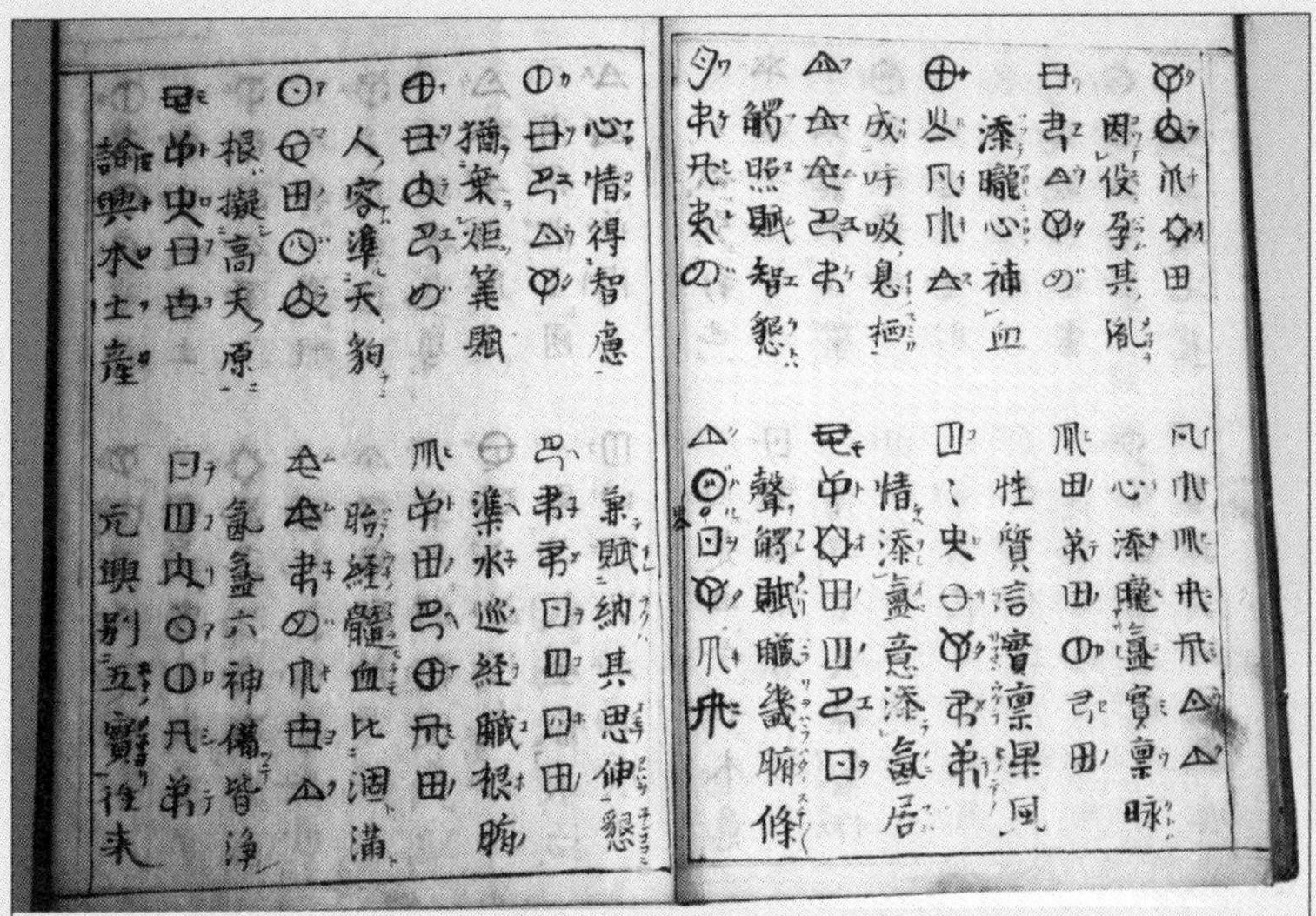

(右) タラチオの　いきひにみうく　添えウタは　日の出の風の　成る息栖　心定めて　ふぬむえけ　元緒の声の　わけ知れば　配る汚焚きに
(左) 数え歌　へねめおこほの　なぞらえば　人のへなみの　アマノハラ　六むねは清く　もとろそよ　興り明かして

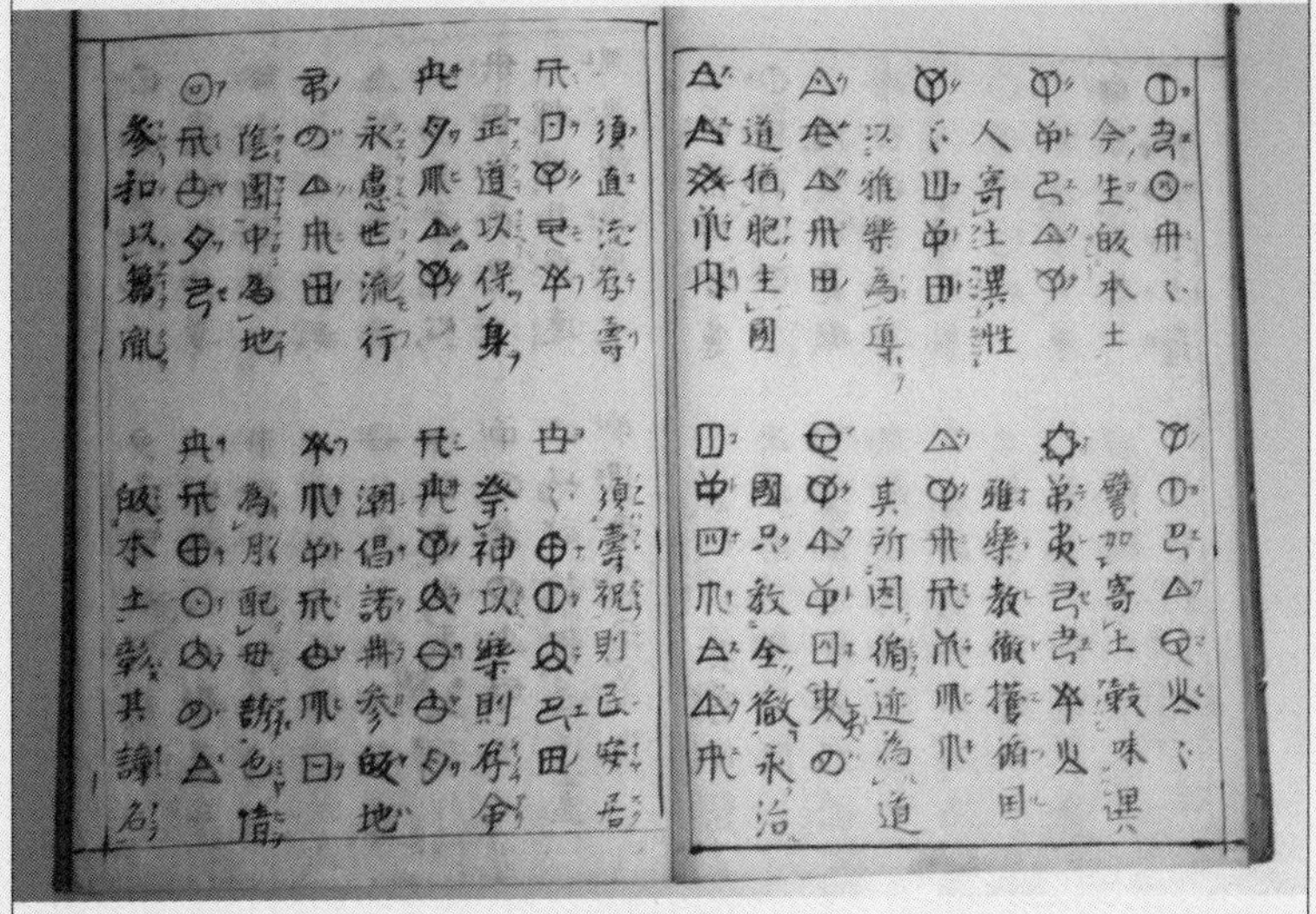

(右) 変えハニに　違え生まるる　たとえウタ　をてれせヱつる　ただごとの　うたに導き　生む国の　全く徹れば　すゆんちり　ことほぎ直に
(左) 身を保つ　世々長らえの　祝いウタ　しヰたらさやわ　メはくにの　月と雅を　編み和わせイミナ顕す

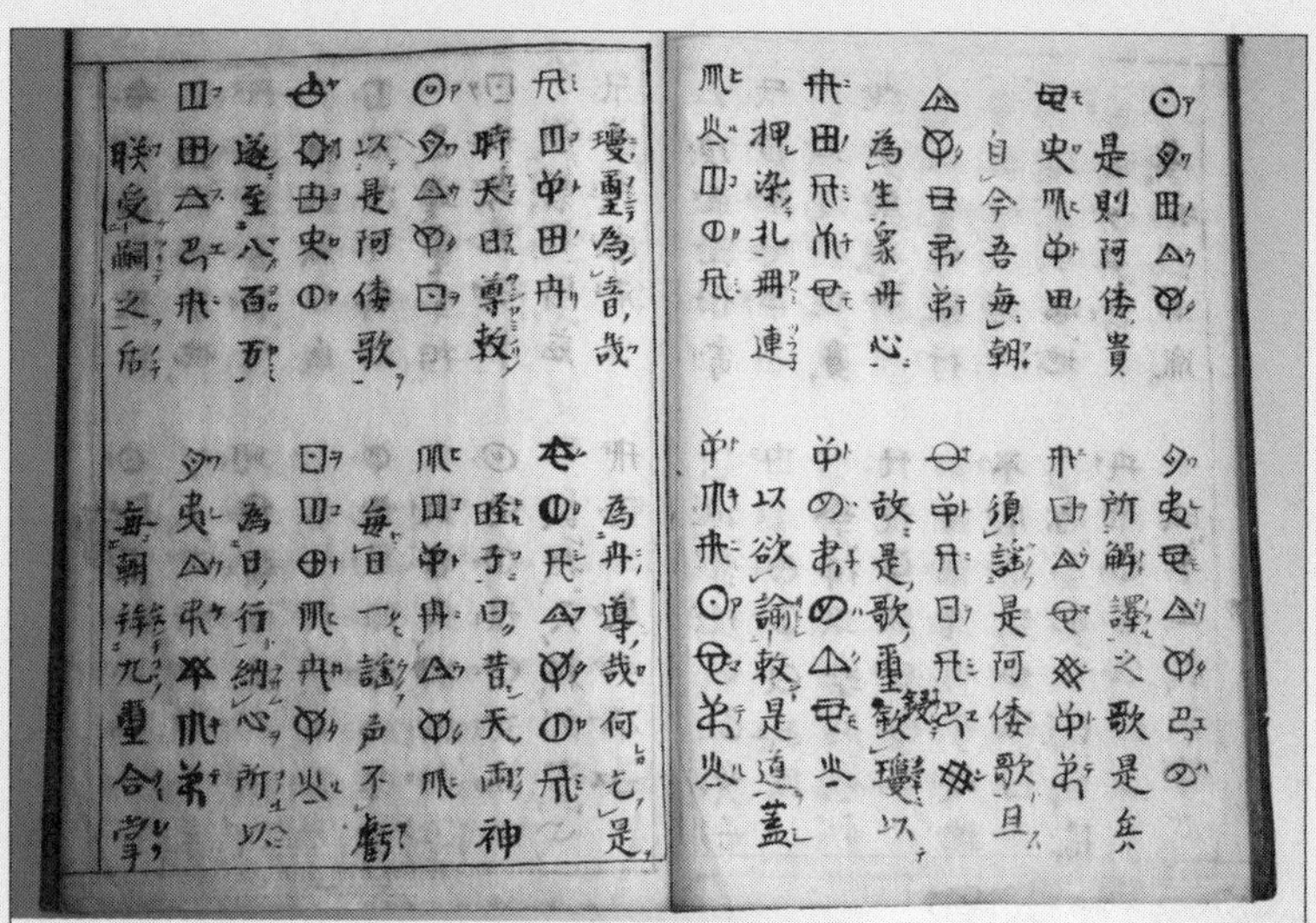

（右）あわのうた　吾も歌えば　諸人の　丹を生まんとて　札染めて　諭し教えん　丹の道も　問わねば曇る　ヒルコ神　時にアマテル
（左）みことのり　昔二神　天地うたを　日ごとに歌い　八百万神　行い至る　この末に　吾受け継ぎて

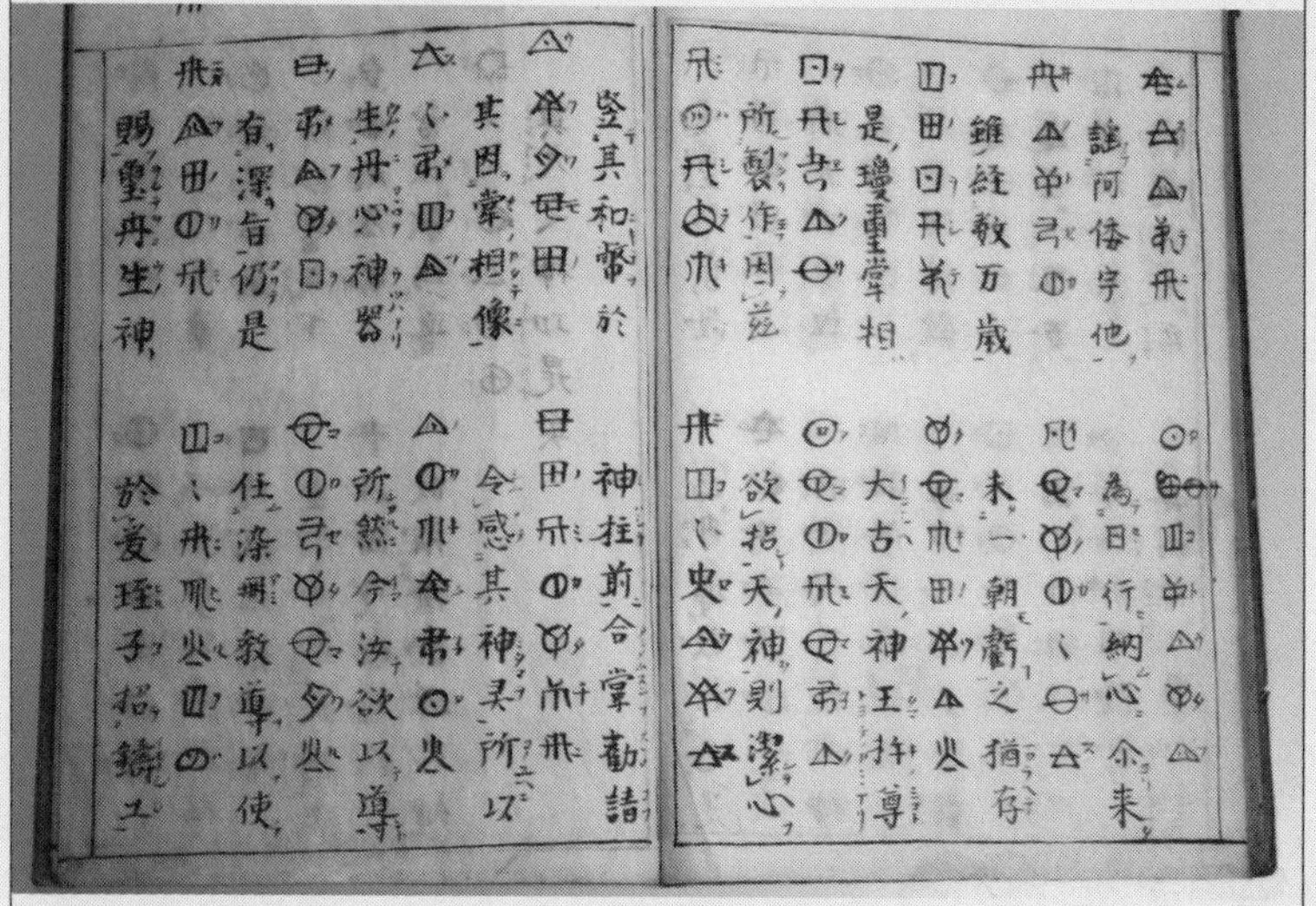

（右）結ぶ手に　朝毎歌う　幾年か　未だ欠かさず　このヲシテ　タマキの作る　教え草　アマ神招く　御柱木　丹心移す
（左）器もの　その御形に　勧め乞う　深き旨ある　染め札を　任せ賜る　丹生の神　ここにヒルコは

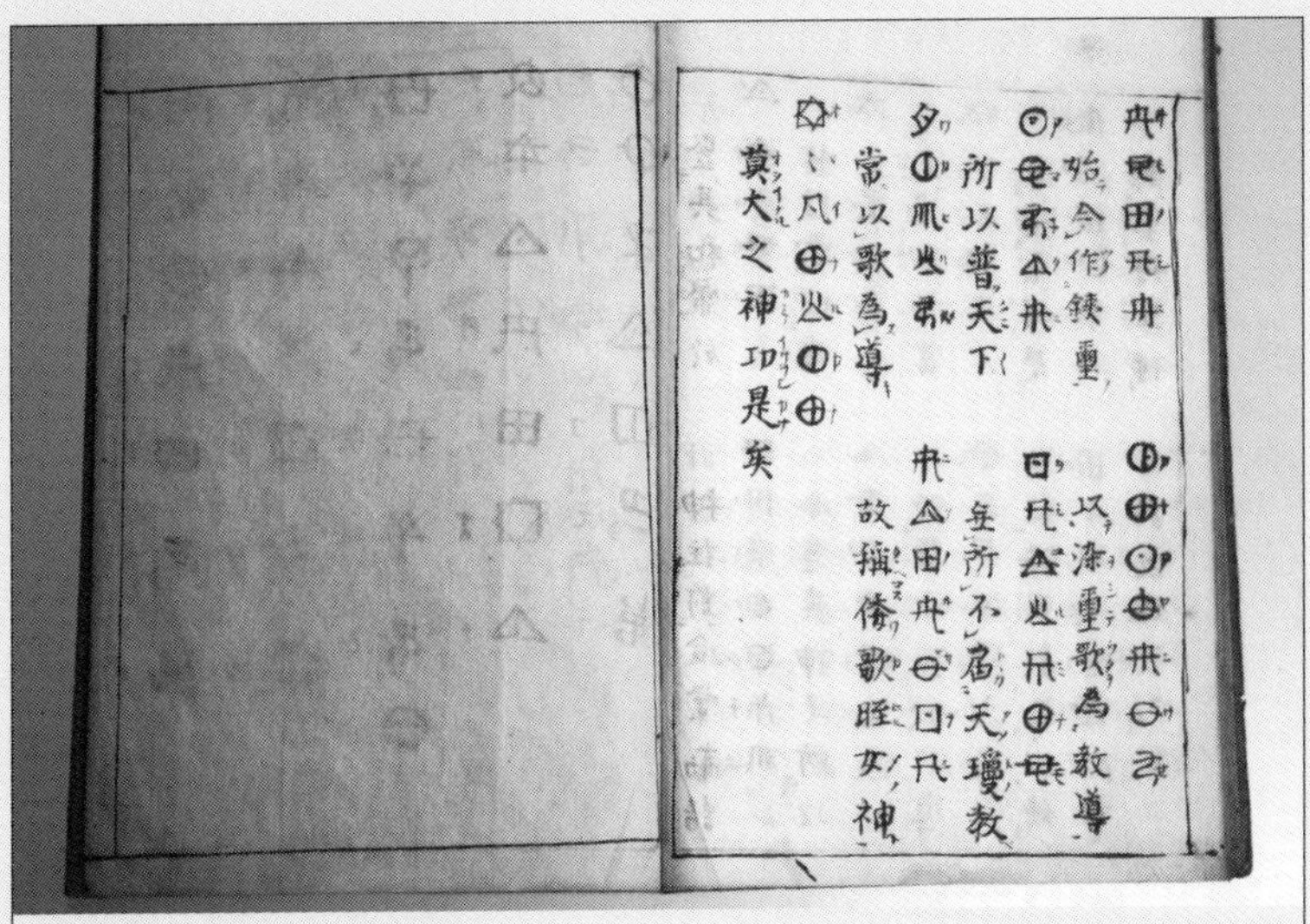

鋳物士に　仮名あやにさせ　遍くに　教ゆる御名も　若日霊女　丹生の功し　大いなるかな
＊大意：本文 P63

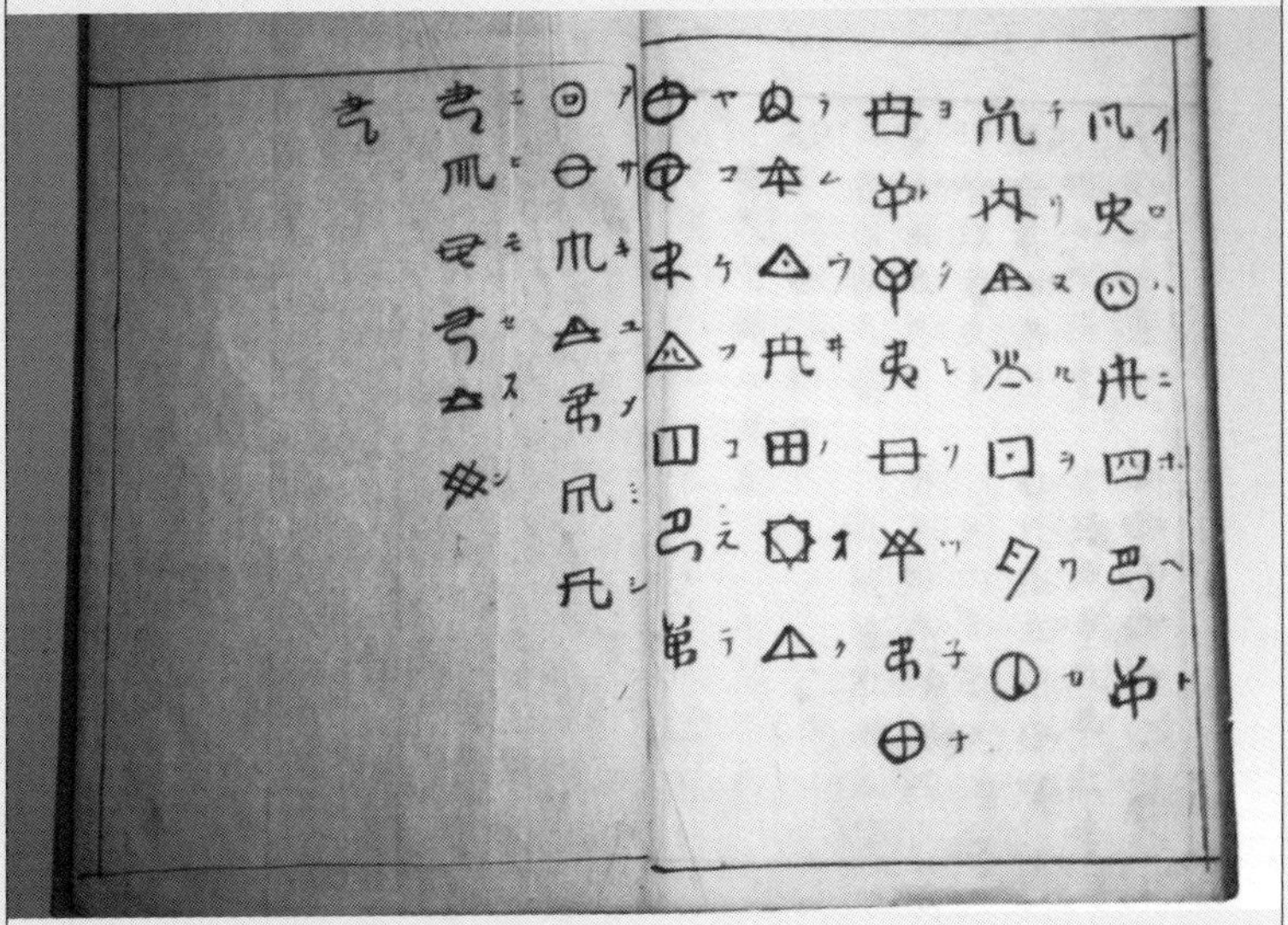

いろはうた

宮﨑貞行　みやざき さだゆき
昭和20年生まれ。東京大学卒。官庁と大学に奉職したあと現在は日本文化に内在する価値観を調べている。近著に『小泉太志命 祓い太刀の世界』『失われた奥義 縄文古道のよみがえり』（ヒカルランド）『宇宙の大道を歩む―川面凡児とその時代』（東京図書出版）『天皇の国師―知られざる賢人三上照夫の真実』（学研パブリッシング）『寄りそう皇后美智子さま』（きれい・ねっと）『アワ歌で元気になる』（文芸社）、訳書に『ホツマ・カタカムナ・先代旧事本紀　古史古伝で解く「太古日本の聖なる科学」』（ヒカルランド）など。

SUMIKO!　早川須美子
一般社団法人『あわのうた普及協会』代表。出版や映像と関わりながら1999年熊野の地で、それまでまったく未知だった『ほつまつたえ』という言葉が聴こえ、以後その声の存在が誰なのかを探して意味を求めるうちに、ホツマツタヱに書かれている「あわの歌」に注目。各地のホツマやヲシテの研究会に参加。2012年3月に伊勢二見浦のホツマサミットの開催に従事したのち「あわのうたの魔法講座」主宰。古代ハワイと日本を結ぶ曲「AWAHULA」作詞作曲。楽しいあわのうた講座やヲシテ文字による名前鑑定、ワカヒメツアーを開催。『ホツマあわのうたカード96プレミアム』作成（ヒカルランド）。

アマノコトネ
天界の言葉を人界に伝える巫女。アースハートサークル（EHC）主宰。作家活動、講演会などを通じて人々の魂の覚醒に尽力している。主な著書に『死なないで殺さないで』（本の森社）『「大いなる光」から人類へ』『人類よ魂の向上を急げ』『日本の根幹と真文命』『日本新生』（ナチュラルスピリット）『富士神界の龍神からの緊急初メッセージ』『この国の乱れを整える トノヲシテ《瀬織津姫さま》言霊リメンバリング』『イザナギ、イザナミの半身半霊の皇子《ヒヨルコさま》言霊サンクチュアリ』（ヒカルランド）など。

本作品は、ヒカルランドから2014年10月に刊行された『隠された言霊の神　ワカヒメさまの「超」復活！』の新装版となります。

〔新装版〕ワカヒメさまの「超」復活！

第一刷　2020年2月29日

著者　SUMIKO！
　　　アマノコトネ
　　　宮崎貞行

発行人　石井健資
発行所　株式会社ヒカルランド
〒162-0821　東京都新宿区津久戸町3-11　TH1ビル6F
電話　03-6265-0852　ファックス　03-6265-0853
http://www.hikaruland.co.jp　info@hikaruland.co.jp
振替　00180-8-496587

本文・カバー・製本　中央精版印刷株式会社
DTP　株式会社キャップス
編集担当　高島敏子

ISBN978-4-86471-845-5

本といっしょに楽しむ ハピハピ♥ Goods&Life ヒカルランド

あわのうた・ヲシテ文字を楽しく覚える!
神代文字のパワーを使いこなす最強ツール

コトタマとヲシテ48音の使い手になる
ホツマ あわのうたカード 96プレミアム

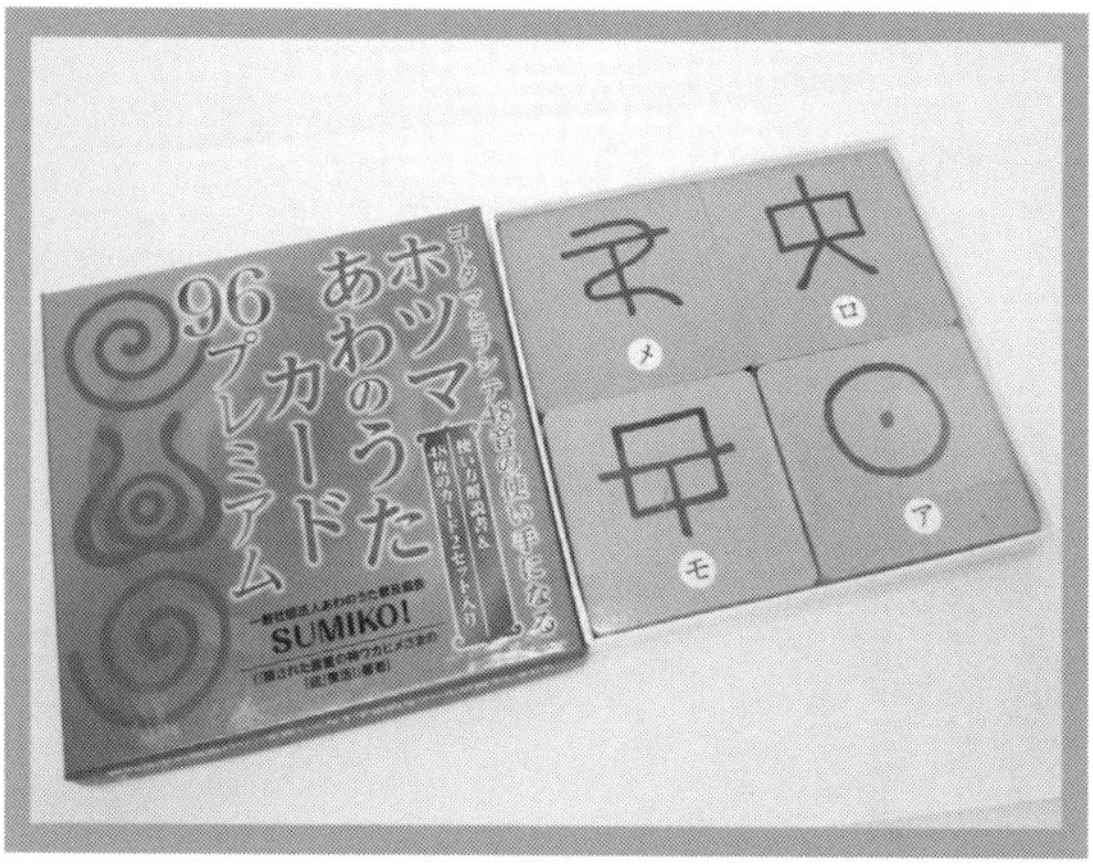

生命を超活性させる宇宙波動《神代文字のチカラ》
語感と五感で無限大に遊べる《48音48文字のカムカタチ波動》
名前の重大性とその見方《使命発見をヨミ解く》

◎ 48枚のカードの性質と意味
◎ ５つのエレメントの説明
◎ 今日はどんな日？その日の波動を感じる
◎ こたえ、ヒントがほしいときの使い方
◎ 言霊占いとしての使い方

価格：6,389円（税別）
発行・発売：株式会社ヒカルランド

ヒカルランドパーク取扱い商品に関するお問い合わせ等は
電話：03－5225－2671（平日10時－17時）
メール：info@hikarulandpark.jp　URL：http://www.hikaruland.co.jp/

＊ご案内の価格、その他情報は発行日時点のものとなります。

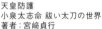

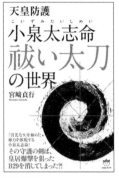

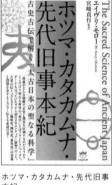

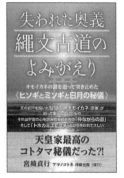

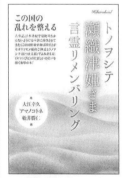

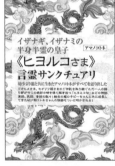

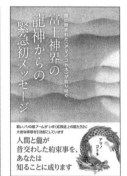